孫崎 享

朝鮮戦争の正体

「なぜ戦争協力の全貌は隠されたのか」

祥伝社

朝鮮戦争の正体

朝鮮半島
ウラジオストク
豆満江
延吉
ロシア連邦
（ソ連）
延辺朝鮮族自治区
会寧
中華人民共和国
白頭山
清津
瀋陽
咸鏡北道
鴨緑江
両江道
慈江道
平安北道
咸鏡南道
朝鮮民主主義
人民共和国
雲山
咸興
寧辺
平安南道
日本海
元山
平壌
南浦
江原道
黄海北道
黄海南道
板門店
北緯38度
開成
春川
江原道
江陵
護政府
甕津半島
金浦
ソウル
京畿道
仁川
水原
太白山
忠清北道
黄海
清州
慶尚北道
忠清南道
大韓民国
大田
浦項
大邱
全州
全羅北道
慶尚南道
洛東江
釜山
光州
全羅南道
順天
麗水
日本
対馬
N
対馬海峡
福岡
済州道
済州島
九州
0
100km

はじめに

多くの人々は、朝鮮戦争の概略を知っていると思います。一九五〇年六月二十五日、金《きん》日成《にっせい》率いる北朝鮮軍が三十八度線を越えて韓国に軍事攻撃を行ないました。韓国軍を破り、一気に釜山《プサン》近辺まで迫ります。ここで米国を主体とする国連軍が投入され、逆に三十八度線を越え、北朝鮮に入り、中国との国境線まで進軍します。そして中国が義勇兵を送り、朝鮮戦争は姿を変え、実質的に米中戦争になります。結局、戦前の三十八度線の境界線を確認して、一九五三年七月に休戦します。

境界線は、戦争前と戦争後は何も変わっていません。※**「朝鮮戦争に何の意義があったのでしょうか」**。当然の問いです。二〇一三年休戦協定調印六十年記念式典で、バラク・オバマ米国大統領は「三万六五七四名の米国愛国者、兵隊、民間人合わせて一〇〇万人の人が死んだ。犠牲は何のためになされたとか、〝**引き分けのために死ぬ（die for tie）**〟という表現すらある。しかし……」とまで述べています。「引き分けのために死ぬ」とは何と空《むな》しい表現でしょう。

米国で、朝鮮戦争の別の形容は、「忘れ去られた戦争（the forgotten war）」です。「栄光ある戦争」でもなく、「正義の戦争」でもないのです。

朝鮮戦争がどういう経緯で始まったか、米国、ソ連、中国、北朝鮮はいかなる意図を持って戦争に入っていったか、これらは明確に語られてこなかったのです。ソ連、中国、北朝鮮は真相を公表してきませんでした。今でもそれは続いています。他方、米国でも軍事情報がすぐに公開されるわけではありません。

朝鮮戦争について十分に語られてこなかったのは、朝鮮戦争の本質が当時の米国指導者が述べていたものと違うものであることが一因であると思います。でも徐々に米国、ソ連、中国などから当時の極秘交信や会談録、関係者の回顧録等が出てきています。こうした断片情報を積み重ね、朝鮮戦争の全貌が次第に明らかになってきている、というのが現状だと思います。

朝鮮戦争をどう位置づけるか、当初の主流の考え方を示しているのは、当事者である米国大統領ハリー・トルーマンの見解です。

> **朝鮮における共産主義体制は、ちょうどヒットラーやムッソリーニや日本人が十年、十五年、あるいは二十年前に行動したのと同じように動いていた。もし韓国が陥落するのを許せば、共産主義者たちはこれに勇気づけられて、米国の海岸により近い諸国まで蹂躙《じゅうりん》するようになるだろうと考えた。**（『トルーマン回顧録2』恒文社、一九六六年）

このように述べ、「（ロシア人は朝鮮で）我々を試している」と言っています。ディーン・アチソン国務長官も同様に、共産主義の脅威に言及しています。

当時、米国大統領や、国務長官の見解に疑問を呈するような証拠を提示できる人はいませんでした。こうして「金日成は、ソ連のヨシフ・スターリンや中国の毛沢東《もうたくとう》に操られて戦争をした」との見解が、西側社会の定番になります。今日でも、日本の社会では朝鮮戦争について、多くの人が「金日成はソ連のスターリンや中国の毛沢東に操られて戦争をした。共産主義の危険性を示したのが朝鮮戦争だ」との定型句で語ります。

この流れに疑問符を与えたのは、ソ連共産党第一書記であったニキータ・フルシチョフの回顧録（邦訳『フルシチョフ回想録』タイムライフインターナショナル、一九七二年）での、スターリンと金日成の関係に関する記述でしょう。

フルシチョフはソ連史の中でも独特の位置にいる人で、一九五六年ソ連共産党大会の秘密報告でスターリン批判を行ないます。フルシチョフはスターリンに登用されて地位を築いてきた人物ですから、その彼がスターリン批判を行なったということだけでも世界に衝撃を与えました。しかし彼も一九六四年十月に失脚します。フルシチョフを追い落としたブレジネフ政権は一段と教条主義的になり、ソ連崩壊の基礎をつくっていきます。

一方フルシチョフは年金生活を余儀なくされます。だが彼は自分の経験を密かに口述します。これが米国に持ち出され、出版されたのが、前述の『フルシチョフ回想録』です。

出版当時から「本物か否か」と論議された本です。編者タルボットがその後、国務副長官や権威ある米国のシンクタンクであるブルッキングス研究所所長のポストについていることからしても、「信頼できる本」というのが定説です。ここに金日成とスターリンの関係が描かれていますが、ここでの金日成像は「スターリンに従う金日成」とは異なるものです。

その後、ロシア大統領資料館の極秘資料を基にするA・V・トルクノフ著『朝鮮戦争の謎と真実』（草思社、二〇〇一年）が出ます。これらの文献は「朝鮮戦争はスターリンが仕掛けた戦争」とはいえないことを示します。

さらに、新しい見方の代表格は米国のシカゴ大学教授ブルース・カミングスでしょう。カミングスはシカゴ大学歴史学部長、アメリカ芸術科学アカデミーの一員でもあります。彼は『朝鮮戦争の起源』を一九八一年に出版します（全二巻。邦訳は一九八九年～一九九一年、シアレヒム社発行、影書房発売。その後二〇一二年、明石書店より再刊）。ここで彼は、次のことを主張します。

- **この闘争（朝鮮戦争）は本質的には内戦的性格のものであるが、しかし朝鮮は真空の中に存在していたのではなく、ヘゲモニーを争う強大国と、朝鮮民族自身の力では如何《いかん》ともし難い外力の渦巻きの中にあった。**
- 朝鮮戦争は何を問題としての戦いであったか。その争点は、（一九四五年の）解放後三カ月以内の時点ですでに明らかであった。この争点のゆえに農民反乱、労働争議、ゲリラ戦、三十八度線での公然たる戦闘が続発したのであり、**形の上でいわゆる朝鮮戦争が正式に開始される以前、すでに一〇万人以上の人命が失われていたのである。**

• 朝鮮戦争はそれ以前の五年間ずっと続けられた闘争の行き着いた当然の帰結に過ぎない。**一言でいえば、一九四五年八月は、一度も途切れたことのない一貫した事件の連鎖をもって、一九五〇年六月につながっている。**

カミングス教授の「内戦説」が正しければ（そして今日多くの朝鮮半島専門の欧米学者はこれを支持しているのですが）、トルーマン大統領が述べた「もし韓国が陥落するのを許せば、共産主義者たちはこれに勇気づけられて、米国の海岸により近い諸国まで蹂躙するようになるだろうと考えた」という発言は間違っていたことになります。実はこのポイントが、今、本書で「朝鮮戦争」を語る重要な意義です。「共産主義に世界を転覆させる意思と能力があったのか」が主題です。

朝鮮戦争には「事実が必ずしも明らかにされないできた」という現象があるわけですが、それは朝鮮戦争自体だけではなくて、朝鮮戦争への日本の関与についても同じです。

皆さんは「日本が公的に朝鮮戦争に参加した」と思いますか。

多くの人は「日本が朝鮮戦争に公に参加するということはなかったはずだ」とお思いで

はないでしょうか。

でも朝鮮戦争に、日本は立派に「公的に」参戦しているのです。海上保安庁が機雷掃海に従事しました。しかし当時の吉田茂《よしだしげる》首相が、大久保武雄《おおくぼたけお》海上保安庁長官に「掃海隊の派遣とその行動については、いっさい秘密にするように」と命じています。これに関連する情報は、これまでも断片的には出ていました。しかし都市伝説的な伝聞ではなく、確実な研究に基づく事実であることの確証を与えたのは、鈴木英隆氏の論文「朝鮮海域に出撃した日本特別掃海隊――その光と影」（防衛省防衛研究所『戦史研究年報 第8号』二〇〇五年三月、所収）です。

朝鮮戦争の真相は十分に理解されてきませんでしたので、ここではまず、問いを発して、見ていきたいと思います。

❶「朝鮮戦争直前の一九四九年、スターリンは、駐北朝鮮・ソ連大使にいくつかの指示を与えています。その中で、スターリンが行なった指示はどちらでしょうか」

A「北朝鮮の侵攻が成功するよう、陰でしっかり支援をするように」

B「起こりうる戦争に我々が引きずりこまれないようにするために、我々の軍事施設を撤去するのが政策的に正しい。貴殿（大使）が、許可なしに、北朝鮮政府に南側に対する活発な行動を進めるようなことは禁止されていたはずだ」

正解はBです。たぶん、皆さんの認識と逆だったのではないでしょうか。

❷「朝鮮戦争では、米軍を主体とする国連軍が中国との国境に迫り、北朝鮮軍を抑え込んだのですが、ここで**中国が義勇兵を送り、国連軍を押し返しました。では北朝鮮と中国との関係はどのようなものだったのでしょうか。**北朝鮮の金日成は、開戦前、攻撃をどの程度詳しく説明していたでしょうか」

毛沢東は西側諸国のニュースで、北朝鮮の攻撃を初めて知ったのです（詳細は57ページ）。

❸「朝鮮戦争の前、冷戦が緊迫していました。こうした中、**米国は韓国を断固として守る方針を持っていたでしょうか**」

ダグラス・マッカーサーは、朝鮮半島を守る範囲から外していると見られる発言をしています（詳細は63ページ）。

❹「朝鮮戦争は国際的に大きな反響を呼びました。**パブロ・ピカソは一九五一年一月《朝鮮の虐殺》という絵を完成させています。しかし、日本ではこれを知っている人はほとんどいません。**どうしてでしょうか」（詳細は30ページ）

❺「**そもそも、第二次世界大戦後、朝鮮半島はなぜ、統一された国として独立しなかったのでしょうか。それ以前、日本の支配下の時代もその前も、朝鮮は一体でした。どのような経緯で三十八度線で分割され、それが今日まで続いているのでしょうか**」（詳細は106ページ）

❻「中国が参戦を決める際、主要メンバーは、ほぼ皆賛成したでしょうか。反対者が相当

いたでしょうか」

ほとんどが反対しているのです（詳細は164ページ）。

❼「米国の大統領は朝鮮戦争で、場合によったら原爆を使うと言ったでしょうか」

トルーマン大統領は原爆を使う可能性に言及しています（詳細は177ページ）。

❽「朝鮮戦争に日本は軍事的にどう関与したでしょうか」

日本は一九四七年五月三日に憲法を施行しました。そして、憲法九条は「武力による威《い》嚇《かく》又は武力の行使は、国際紛争を解決する手段としては、永久にこれを放棄する」「陸海空軍その他の戦力は、これを保持しない。国の交戦権は、これを認めない」とありますから、朝鮮戦争には参加していないと思われるでしょう。しかし、参加しているのです。

まず日本の船舶が借り上げられ、米軍や装備の運搬を担いました。日本の船員がこの運搬に参加しています。さらに米軍の上陸を容易にするため、海上保安庁が、米軍、英軍、韓国軍の指揮官の下《もと》で、掃海任務に従事しています（詳細は198ページ）。

それよりも重要なことが、朝鮮戦争に関連して日本で起こっています。

朝鮮戦争は一九五〇年六月二十五日に勃発しました。七月八日、マッカーサー元帥は吉田首相に「事変・暴動等に備える治安警察隊」として、七万五〇〇〇名の「National Police Reserve」の創設を求め、八月十日、警察予備隊令**（政令）**で、警察予備隊を発足させます。

一見、何も問題ないようですが、実は、日本の在《あ》り様《よう》に大きな問題を与えています。

米軍の指示の下でつくった憲法は、「国会は、国権の最高機関であつて、国の唯一の立法機関である」としています。だが、**警察予備隊は国会での討議なしの「政令」で実現されているのです。それも米軍は、浅沼稲次郎《あさぬまいねじろう》・日本社会党委員長らを威嚇して国会審議をさせなかったのです。**

もし、在日米軍が朝鮮半島に行って、日本国内が不安定になり、何らかの武力を必要とするなら、それは日本の国民がわかるはずです。国会で審議し、法律で警察予備隊をつくればいいのです。**後藤田正晴《ごとうだまさはる》氏（警察予備隊警備課長、官房長官など）、と内海倫《うつみひとし》氏（警察予備隊教養課長、防衛事務次官、人事院総裁など）両名は「場合によっては、米国は警察予備隊を朝鮮半島に持っていくつもりだ」という判断で合意しています。**加藤陽三《かとうようぞう》氏（警察予備隊本部人事局長、防衛事務次官など）も「米国の要請に応じて使用される虞《おそ》れが多分にある」と判断しているのです。

米国側を見ると、ジョン・フォスター・ダレス国務長官顧問（対日政策の責任者）も「どうしたら日本人を朝鮮戦争に使えるだろうか」を真剣に考えているのです。それなのに、警察予備隊が朝鮮戦争に使われる可能性については、これまで日本でほとんど論じられてきませんでした。

これまでこのような視点をもって、朝鮮戦争を見てきたことがあったでしょうか。「日本の軍事力を米国の戦略に使う、その時には米国は日本の政府に対し、民主主義体制を害してでも実施させる」という考えを、米国は朝鮮戦争時にすでに持っているのです。そしてそのパターンは今日まで続いているのです。

でも、どうして私たちは朝鮮戦争を歪《ゆが》めて見てきたのでしょうか。

それにはこれまた、日本の在り様に、密接に関与する事件が起こっていました。

朝鮮戦争が始まって一月あまり経過した七月二十九日、日本経済新聞の三面は、次の見出しを掲げました。

「報道界の赤色分子解雇」

この記事の中で、**報道機関の解雇者数が報じられています。すなわち「朝日七二、毎日四九、読売三四、日経一〇、東京八、日本放送協会一〇四、時事一六、共同三三」です。**

一般に、この日の動きは単に「レッドパージ」と書いてあるだけで、これだけ大量の人間が報道機関で解雇されたことについては、ほとんどが具体的に記していません。信じられない思いで、この数字を見ました。

この解雇は、「共産党員およびその同調者を排除せよ」とのマッカーサー元帥の書簡によるものです。

マッカーサーたちの圧力で、戦後の日本国憲法がつくられました。そこには、

「第十九条【思想及び良心の自由】思想及び良心の自由は、これを侵してはならない、
第二十一条【集会、結社及び表現の自由と通信秘密の保護】集会、結社及び言論、出版
その他一切の表現の自由は、これを保障する」

との項があるではないですか。

日本の政治家やマスコミや学者のうちで、マッカーサーたちに「あなたたちが強制した憲法に、『第十一条【基本的人権】国民は、すべての基本的人権の享有を妨げられない。この憲法が国民に保障する基本的人権は、侵すことのできない永久の権利』『第十二条【自由及び権利の保持義務と公共福祉性】この憲法が国民に保障する自由及び権利は、国民の不断の努力によつて、これを保持しなければならない』とある。それでも解雇しろと言うのですか」と迫った人がいたでしょうか。

では、なぜマッカーサーたちは民主主義、人権擁護に反して、マスコミの大量解雇を行なったのでしょうか。朝鮮戦争の実像と、それをめぐる日本政府の動きを、日本国民に知られたくなかったからでしょう。別の言葉でいえば、日本国民が「共産主義は怖い。だから日本をこれと戦う国にしなければならない」と思うようにさせたかったのです。事実、日本はそういう国になりました。

朝鮮戦争を今振り返ってみると、北朝鮮（金日成）、米国（トルーマン）、中国（毛沢東）、ソ連（スターリン）が関与していますが、各々が敵対国の動きを読み違えています。

上記の四人のうち、一人でも正確な情勢判断を行なっていれば、朝鮮戦争は起こらなかったのでないでしょうか。

この本は七十年前の歴史的事実の説明です。しかし、朝鮮戦争の影響は今日も続いているのです。

様々な証言や見方を紹介することで、皆さんの朝鮮戦争の見方を再構築していただきたいというのがこの本の意図です。したがってできるだけ、事実関係を提示するように努めました。この本を読み終えられた後、たぶん、「知らなかったことが実に多かったな」という感想を持っていただけるのでないかと思っています。

※注：休戦ラインと三十八度線は正確には一致しないが、現在はこれを特に区別せず、一様に三十八度線と呼んでいる

朝鮮戦争の正体——目次

［装丁］フロッグキングスタジオ
［図版］篠宏行

［カバー写真］
ヘリで前線に向かう米海兵隊。1953年3月撮影
The Granger Collection/amanaimages
［表紙写真］
朝鮮戦争、38度線。
DOD/USIA/Science Source／amanaimages
［本文写真提供］
amanaimages、共同通信イメージズ

・本書では、読みやすさを考慮し、引用文中に、改行、句読点、振り仮名などを著者が適宜補い、文字遣いを変更し、原書の記述内容を損なわない範囲で要約した箇所があります。引用文中内の（）や（注）は、引用者孫崎注、引用文中の太字などは引用者孫崎の強調です。また外国文の訳文で断わりのないものは孫崎訳です。

・引用文献により、現地時間と米国時間とで一日のずれが生じることがありますが、そのまま引用しています。

［序章］

忘れ去られた戦争

ピカソ《朝鮮の虐殺》。1951年1月18日完成。1950年の信川虐殺事件を題材にしたという説もある。1950年代、「絶対に米国で展示させない絵」といわれたパリ国立ピカソ美術館所蔵

ちょっと、寄り道します。
朝鮮戦争で何人の人が死んだのでしょうか。
不思議と、朝鮮戦争を記述した本には、民間人死者数への言及がないのです

私はこの本の構成を、書いている途中で変更しました。

この本を書き始めた時、書き出しを次のようにするつもりでした。

「朝鮮戦争では、始めた時と、休戦協定の締結時では何も変わらなかった。X十万の兵士が死に、X百万の一般市民が犠牲になって、その結果、政治的には南北朝鮮を分断する三十八度線はそのままだ。一体この戦争の意義は何だったのだろう」

そして具体的に犠牲者の数字を書き込もうと、百科事典をチェックしました。

百科事典では世界的権威とされる『ブリタニカ百科事典』（一九七四年）の「朝鮮戦争」の項目には、犠牲者数として次の数字が掲示されていました。

軍隊	死亡	負傷
連合国側（計）	172,837人	825,043人
韓国軍	137,100人	709,975人
米軍	33,629人	103,284人

その他　（注：ここでは省略）
北朝鮮　1420，000人
中国　900，000人

さらに民間人の犠牲者数を探しましたが、見つかりません。
別の百科事典を見ました。『日本大百科全書』（小学館、一九八七年）の「朝鮮戦争」の項には、次の記載があります。

この戦争での交戦双方の被害は甚大で、国連、韓国軍側の戦死者約一二万人、米軍約五万人、その他の国連軍側約三〇〇〇人、ほかに韓国民間人一〇六万余と言われ、朝・中側の軍要員の死傷者だけで二〇〇万人以上と推定された。

北朝鮮の民間人の被害者数は記載がありません。軍の被害者の数も全くバラバラです。
そこで、「朝鮮戦争」の通史的書物を調べてみると、民間人の被害者数が出ている本は、ほとんどありません。実は本を書く時には「絶対、ウィキペディアを引用するな、引用しただけで、その本の価値は下がる」といわれるのですが、そのウィキペディアを見てみます。

韓国軍は約二〇万人、アメリカ軍は約一四万人、国連軍全体では三六万人の死傷者を出した。北朝鮮軍および中華人民共和国の義勇軍も多くの損害を出した。しかしこれらの推計は発表者によって数値にかなりの差がある。

アメリカ国防総省によれば、アメリカ軍は戦死者三万三六八六人、戦闘以外での死者は二八三〇人、戦闘中行方不明者は八一七六人にのぼる。また約二四万五〇〇〇から四一万五〇〇〇人にのぼる韓国側一般市民の犠牲が明らかにされ、戦争中の市民の犠牲は一五〇万から三〇〇万（多くの推計では約二〇〇万）と見積もられている。これに対して、中華人民共和国と北朝鮮は約三九万のアメリカ軍兵士、六六万の韓国軍兵士、二万九〇〇〇の国連軍兵士を戦場から「抹消」したと推定している。

また西側の推定によれば中国軍は一〇万から一五〇万人（多くの推計では約四〇万人）、二一万四〇〇〇から五二万人（多くの推計では五〇万人）の死者を出している。一方中華人民共和国側の公式発表によれば、北朝鮮軍は二九万人の犠牲を出し、九万人が捕らえられ、**「非常に多く」の市民の犠牲**を出したとされ、中国軍については戦死者一一万四〇〇〇人、戦闘以外での死者は三万四〇〇〇人、負傷者三四万人、行方不明者七六〇〇人、捕虜二万一四〇〇人となっている。これらの捕虜のうち約一万四〇〇〇人が中華民国へ亡命し、残りの七一一〇人は本国へ送還された。毛沢東の息子の一人毛岸英《もうがんえい》も戦死した。（二〇二〇年五月二〇日現在）

この記述が特異なのは、「朝鮮戦争」の項目全体の引用源はのべ三〇〇を数えるのに、「犠牲者数」に関する情報源を一つも示していないことです。それだけ、信頼できる情報源が少ないということでしょう。

暗澹《あんたん》たる気持ちになりました。なぜ戦死者や民間人犠牲者数に関心を払ってこなかったのでしょう。これだけ多くの犠牲者を出しているのに、戦死者の中に誰がいたかになると毛沢東の息子、毛岸英の名前が出てくるくらいです。

ピカソの絵画《朝鮮の虐殺》を思い浮かべました

私はピカソが好きです。特に「青の時代」が好きです。したがって画集などでピカソの絵は見てきたつもりです。でもピカソに《朝鮮の虐殺》という作品があることを、この本を書くにあたっていろいろ調べるまで、知りませんでした。

朝鮮戦争で、北朝鮮市民の虐殺については、二つの報道があります。

一つは「信川《シンチョン》虐殺事件」、今一つは国連軍の生物兵器の使用です。まずこの二つの出来事を見てみます。

「信川虐殺事件」は、朝鮮戦争中の一九五〇年、北朝鮮の黄海南道《ファンヘナムド》信川郡で、国連軍の占領下（一九五〇年十月十七日から十二月七日まで五十二日間）、三万五三八三人（住民の四分の一に当たる数です）が虐殺されたといわれる事件です。加害者については、北朝鮮側は国連軍・韓国軍としていますが、別の説もあります。

米軍が朝鮮戦争で、細菌戦を行なったという説があり、この説を主張する人々は「北朝鮮と中国で発生している伝染病の原因は米軍による細菌戦である」「米軍による細菌戦は、旧日本軍七三一部隊の研究・成果を引き継いで行なわれた」と主張しています。この主張の延長線上に、七三一部隊の石井《いしい》四郎《しろう》氏の関与説があります。

ウィキペディアは「石井四郎」の項に「極東国際軍事裁判（東京裁判）において戦犯容疑を問われたが、詳細な研究資料を提供したため、ＧＨＱ（連合国軍最高司令官総司令部）のダグラス・マッカーサー最高司令官とチャールズ・ウィロビー少将の協議によって訴追を免れたという」と記しています。「朝鮮戦争時、石井四郎氏は朝鮮半島にいた」と主張する人がいます。

ちなみに七三一部隊について述べる人間は誇大妄想だと言う人がいますが、二〇二〇年二月七日付京都新聞は、「細菌戦『７３１部隊』の新資料発見　『ないはず』の戦後公文書　細菌生産を明記」の標題で報道し、「『部隊長　石井四郎中将以下約１３００人内外　本部は開戦と共に全部を揚げて北鮮方面に移動すべく』などと満州から日本に帰国するまでの経路が図説され」ていると報じています。

こうした中で、ピカソは二つの戦争画を描いています。一つは《朝鮮の虐殺》、今一つはキリスト教会礼拝堂の壁画《戦争と平和》です。

《朝鮮の虐殺》は一九五一年一月十八日に完成され、五月のサロン展に出品されています。

今一つの《戦争と平和》は、南フランス・コートダジュールにあるヴァロリスの礼拝堂に一九五一年から翌年にかけて描かれ、完成された壁画です。英国テート・ブリテンは「ピカソ：平和と自由（Picasso: Peace and Freedom）」の項で、次の解説をしています。

ピカソの〝戦争〟壁画は米国が朝鮮戦争時、細菌戦を行なったとの主張を参考にしたと広く考えられている。しかしこの主張に対しては、米英仏は一九五〇年代、六〇年代、共産主義者の嘘と強く否定している。チャペルは（長く閉鎖されていた後）、一九五八年に開かれたがすぐ閉じられた。このことはピカソとフランス・ゴーリスト（注：ド＝ゴールの路線）政府の緊張関係を示すものである。

米国では、ピカソの戦争画の中でも《ゲルニカ》が高い評価を受けたのに対し、《朝鮮の虐殺》は「絶対に米国で展示させない」といわれました

《ゲルニカ》は、ピカソがスペイン内戦中の一九三七年に描いた絵です。一九三六年から三九年に起こったスペインの内戦を扱っています。一九三七年四月二十六日、ドイツ空軍がスペインのビスカヤ県ゲルニカに都市無差別爆撃を行なっています。ピカソは三七年五月十一日にキャンバスに向かい、六月六日には絵画を披露します。スペイン人の詩人や学者、スイスの彫刻家のアルベルト・ジャコメッティ、ドイツ人画家のマックス・エルンスト、フランスの詩人のポール・エリュアールとアンドレ・ブルトン（シュルレアリスム運動のリーダー）、イギリス人画家のローランド・ペンローズ、彫刻家のヘンリー・ムーアがアトリエに来訪する中でのことです。

一九三七年十二月、米国で『ゲルニカ展』が企画され、オープニングにはエレノア・ルーズベルト大統領夫人、サイモン・グッゲンハイム（実業家）、アヴェレル・ハリマン（駐ソ大使、商務長官など歴任）、ジョージア・オキーフ（画家）などが出席します。この絵はその後、スペインに返還されるまで、ニューヨーク近代美術館に保管されます。

この絵画の題材になるスペイン内戦は、共和国政府に対し、フランコ将軍が率いる軍部が仕掛けたクーデターです。フランコはドイツ、イタリアという当時のファシスト政権が支援しました。一方の共和国政府には、ソ連、欧米の市民が義勇兵として参加しました。米国から義勇兵として参加したアーネスト・ヘミングウェイは『誰がために鐘は鳴る』を書きました。したがって、米国が《ゲルニカ》を評価するのは自然です。

他方、《朝鮮の虐殺》は、「信川虐殺事件」が契機になったといわれるので、米国を糾弾する絵ということになります。したがって、一九五〇年代、「この絵は絶対米国には上陸させない」といわれました。

この問題を考える際に、ピカソが共産党員であったことを指摘しておく必要があると思います。ピカソは一九四四年共産党に入党し、死ぬまで米国の監視下にありました。ＦＢＩはピカソの特別ファイルを持っています（US FBI Records, File no.100-337396, Subject:, Pablo Picasso といわれています）。

《朝鮮の虐殺》をどのように評価したらいいでしょうか

私は《ゲルニカ》の完成時、何人かの芸術家が見に来たことに言及しました。この中にイギリス人画家のローランド・ペンローズがいました。ピカソと極めて親密な関係にあった彼は『ピカソ　その生涯と作品』（新潮社、一九七八年）を出版し、その中に次のように書いています。

一九五〇年の夏の間に、共産主義と西欧勢力の衝突が朝鮮戦争を引き起した。ピカソは、何よりも戦争を憎む者としての人道的理由から、またもや傍観してはいられない気持になった。彼の共産主義者の友人たちは、彼がこの新しい動乱の勃発を非難するゼスチュアを示すことを期待し、西側勢力を侵略者として弾劾するのに役立つような絵を描くことが期待された。ピカソの描き上げた絵画は、彼が思案のあげくに題名を与えた数少ない作品の一つで、《朝鮮の虐殺》と呼ばれるものであった。それは、裸の女子供の一団に命令を受けて銃火を浴びせるロボットまがいの一隊を、見誤るべくもない表現で描き出しているが、**どちらの側に虐殺の罪があるのかについては何らの手がかりもない。ピカソは無防備の人間に対して行使される軍事力への自己の憎悪の念を忠実に表明することに終始**し、そうすることによってみずからが党派的宣伝家に堕することを回避し、なおかつ自己の絵画が共産主義者として妥当なものであることを証したのであった。一九五一年のサロン・ド・メにこの作品が初めて出品された時、共産主義者たちは彼らの主義主張のためにそれを勝手に利用したが、その**五年後ワルシャワでは、この作品の大きな複製画がハンガリーにおけるソヴィエト軍の行為に対する抗議の象徴として掲げられた**（注：一九五六年ソ連の支配に反対し、ハンガリー国民が全国規模で蜂起しました。ハンガリー動乱と呼ばれます。彼らは政府関係施設を占拠し、自分たちの政策や方針を実施しはじめました。ソ連軍は同年十月と十一月に軍事介入し、数千人の市民が殺害され、二五万人近くの人々が難民となり国外へ逃亡。今日でもハンガリーの首都ブダペストの街には銃弾の跡が残っている建物があります）。

《ゲルニカ》および《納骨堂》以後、《朝鮮の虐殺》はより一般大衆に理解しやすい世論への訴えとなっている。

ピカソの《朝鮮の虐殺》は、画面の右半分が攻撃側、左半分を被害者側に分けた描き方をして、フランシスコ・ホセ・ゴヤの《一八〇八年五月三日》やエドゥアール・マネの《皇帝マクシミリアンの処刑》の描き方に類似しています。

ゴヤの《一八〇八年五月三日》は、ナポレオン軍に対するスペイン民衆の抵抗を祝して描いたものです。マネがプラド美術館を訪問し、それに影響されて描いたのが、《皇帝マクシミリアンの処刑》です。《朝鮮の虐殺》は縦一一〇センチ、横二一〇センチで、パリのピカソ美術館に所蔵されています（注：常に展示しているかは不明。著者がかつて訪れた時には気づきませんでした）。

たぶん西洋絵画に関心が強い人でしたら、ゴヤの《一八〇八年五月三日》や《皇帝マクシミリアンの処刑》は知っていると思います。ではなぜ、「《ゲルニカ》より一般大衆に理解しやすい」はずの《朝鮮の虐殺》を知らないのでしょうか。**ここに「朝鮮戦争」を理解する際の複雑さが象徴されていると思います。**朝鮮戦争は「忘れ去られた戦争（the forgotten war）」です。「忘れて欲しい戦争」でもあるのです。それはピカソの《朝鮮の虐殺》をアメリカ国民に示せないことに象徴されています。

ピカソの行動がいかに決断を要したかは、当時の一流の知識人バートランド・ラッセルと比較すればわかります。もっともラッセルは後、一九五五年に「ラッセル・アインシュタイン宣言」を行なっています

この時期、米国では「赤狩り」が行なわれています。知識人が萎縮していた時です。それを考えれば、ピカソの《朝鮮の虐殺》は驚くほどのリスクを取っています。

自由主義的知識人として賛美されてきた人にバートランド・ラッセルがいます。一九五〇年にノーベル文学賞を受賞しました。彼は同年十二月十一日、ノーベル賞受賞演説を行ないました。まさに朝鮮戦争が起きている時です。講演は朝鮮戦争に言及することで始まっています。しかし、朝鮮戦争については「一方の男が一袋の穀物を提供する場合、飢餓のどの段階で投票権よりも穀物を選ぶのか」などと抽象的発言にとどまり、戦争の評価には踏み込んでいません。ピカソとは異なります。

かろうじて、締めくくりとして、次を述べている程度です。

人間の大きい集団が一見したところ高邁な動機によって動かされるのを見る時、表面の下を見て、これらの動機をこのように効果的にしているのは何であろうかと自問したらよいと思います。（中略）見かけだおしの高邁さに騙されることは極めて容易だからであります。（『ノーベル賞文学全集〈22〉』主婦の友社、一九七二年）

なぜ、このエピソードを紹介しているかというと、冷戦中、朝鮮戦争の実態を突き詰めるのは難しかったのです。《朝鮮の虐殺》のどこを見ても「米国が悪い」とは描いてないのですが、それでも「反米」の画家になるのです。ピカソくらいの名声があれば容易に潰されませんが、それでも一九五一年頃、ピカソの絵画の値段は大幅に下落したそうです。

ただし、ラッセルを少し弁護すれば、一九五五年（注：反共のマッカーシズムに対して一九五四年十二月、上院はジョセフ・マッカーシーが「上院に不名誉と不評判をもたらすよう行動した」として、譴責《けんせき》決議を可決し、「赤狩り」は終焉《しゅうえん》しています）、科学技術の平和利用を訴えた「ラッセル・アインシュタイン宣言」が出されます。ここでは次の指摘をしています。

- 世界は、紛争と、すべての小さな紛争の影を薄くしつつ、共産主義と反共産主義との巨大な戦いに満ちている。
- 我々は新しい方法で考えることを学ばねばならない。**我々が好むいずれかのグループに軍事的勝利を与えるために、いかなるステップを取れるかではない。なぜなら、そのようなステップは、もはや存在しない。我々が我々に問うべき質問はそうではなく、すべての関与する者に悲惨な結末をもたらすに違いない軍事的争いを、いかに防止できるかである。**

決議

我々は、この会議を招請し、それを通じて世界の科学者たちおよび一般大衆に、つぎの決議に署名するよう勧告する。

「将来のいかなる世界戦争でも核兵器が必ず使用されるという点、およびそのような兵器は人類の存続をおびやかしているという事実に留意し、我々は世界の諸政府に、彼らの目的は世界戦争によっては促進されないことを公に認めるよう勧告し、したがって、我々は、彼らの間のあらゆる紛争問題を解決する平和的な手段を見出すよう勧告する」

朝鮮戦争は間違いなく、こうした宣言を出さねばならないと考える重要な動機であったと思います。

学者の目を通して見ると朝鮮戦争とは何であったか。
最もいい記述はブルース・カミングス（シカゴ大学教授）の著書『朝鮮戦争の起源〈1〉』の序文ではないでしょうか

一九五三年（休戦の年）朝鮮半島の全域は燻《くすぶ》る煙の中の廃墟であった。南端の釜山から北端の新義州《シニジュ》に至るまで、人々は死者を埋葬し、失われた家族のことに胸を痛め、微塵《みじん》に壊された生活の建てなおしに必死になっていた。首都ソウルには人影のないビルが骸骨のように立ち並び、道路という道路はコンクリートと砲弾の破片の奇怪な混合物で埋まっていた。

首都の近郊に陣取った米軍キャンプには乞食等の難民が群がり、外国の軍人が投げ捨てたゴミを漁《あさ》っていた。

一方、北の地にはビルと名付けられるべき建物はなく、平壌《ピョンヤン》その他の都市は文字通り瓦礫《がれき》の山であった。工場はがらんどうであり、かつての巨大ダムも破壊され、ひび割れの湖底が見えるだけであった。

洞窟やトンネルの中に土竜《もぐら》のようにひそんでいた人々が外に這《は》い上がって見つけたものは、照り輝く白昼の悪夢であったのだ。

そして（ダレスの言い種《ぐさ》ではないが）彼らは「独りぼっち」ではなかったと言うべきか、この国の人々が見つけたのは、降って湧いたように半島に現われた世界三大強国の軍隊である。これら強大国の軍隊はあわや世界大戦に拡大したかも知れない激闘を演じ、身の毛もよだつような核破壊の脅威をさえ朝鮮民族の目の前にちらつかせた。しかしこれだけのことがあったにもかかわらず、一九五三年一応静まったこの戦争は何一つ解決をもたらさなかった。休戦は開戦以前の状態を呼び戻しただけであり、あれから三〇年が過ぎた今も、問題は未解決のままである。

朝鮮半島では、朝鮮戦争前も後も三十八度線はそのまま、何の解決もなかった。だが米国は違う。「この戦争の時に、内政干渉主義者の外交政策とそれを国内で推し進めるための国家機構が誕生」しました。

私たちはすでに、ブルース・カミングスが朝鮮半島について「この戦争は何一つ解決をもたらさなかった。休戦は開戦以前の状態（注：三十八度線）を呼び戻しただけである」と記述したのを見ました。

しかし、米国に関しては深刻な影響が出ているのです。同じ著者が、『朝鮮戦争の起源〈2下〉』で次のように記しています。

朝鮮戦争が朝鮮人にとって総力戦だったとすれば、アメリカ人にとっては自国の覇権を構築し再編する契機だった。（中略）アチソンはまた、一九五四年に開催されたセミナー（中略）で過去を振り返り、思わずこう口走ってもいる。「朝鮮が現れ、われわれを救ってくれた」。

つまり、朝鮮が封じ込めのグローバル化を生み、ケナン（注：米国国務相・政策企画部長）の限定された封じ込め政策をニッツェ－ダレスのような無制限な介入に発展させたという議論が一般的になされている。

朝鮮戦争でもって、米国の中に世界各地に軍事的に介入する論理が不動のものとして確立され、それを支える国家体制（巨大な国防予算、軍需産業、理論面で支えるシンクタンク等）ができたのです。

私は二〇〇九年に『日米同盟の正体』（講談社）を書きましたが、ここでアイゼンハワーの言葉に言及しています。

一九六一年一月十七日、ドワイト・D・アイゼンハワー大統領（注：大統領職在任は、一九五三年一月二十日から一九六一年一月二十日まで。朝鮮戦争への介入はトルーマン大統領の時ですが、一九五三年七月に休戦協定が結ばれた時の大統領はアイゼンハワーです）は離任を三日後に控え、国民に向かい演説をする。そこで彼は一つの警告を残した。

「われわれは、産軍共同体が不当な影響力を持つことに警戒しなければならない。不当な

力が拡大する悲劇の危険性は現在存在し、将来も存続し続けるであろう。産軍共同体が自由と民主的動向を危険にさらすようにさせてはならない」（筆者訳）

アイゼンハワー大統領は巨大な力を持った産軍共同体が米国全体の利益に反して戦争に突入する危険を警告した。第二次大戦の軍事的英雄が米国大統領の座を去るにあたり、国民に残した警告である。

今日、産軍共同体はアイゼンハワーの時代よりはるかに巨大となった。さらに具合の悪いことに以前より悪質になった。徴兵制度をなくした米軍は戦闘能力を維持するため、補給部門を大幅に民営化した。かつての産軍共同体には、武器が旧式になった、新しい技術が出たとして、古い兵器体系を捨て、兵器産業を拡充していく道があった。しかし、補給部門を民営化した後の産軍共同体には、戦争が必要となる。イラク戦争の強力な推進者であったチェイニー副大統領（当時）は補給を主体とした企業と深い関係を有していた。こうして、あらたな危険性が出た。

ブルース・カミングス教授とアイゼンハワー大統領は同じことを、異なった表現で述べています。米国は朝鮮戦争後、戦争を続ける国になったのです。戦争を行なうことに利益を見出す層がアメリカを動かすようになったのです。

アイゼンハワーの演説はさらに続きます。

危機は常に存在し続けるでしょう。国内であれ国外であれ、大きいにせよ小さいにせよ、危機に直面する時、華々しい、また金を掛けた何らかの行動によって、現在のすべての困難が完璧に解決するかのような誘惑に繰り返し駆られるものです。

最後の世界戦争までアメリカには軍事産業が全くありませんでした。アメリカの鋤《すき》の製造者は、時間をかければ、また求められれば剣《つるぎ》も作ることができました。しかし今、もはや私たちは、国家防衛の緊急事態において即席の対応という危険を冒すことはできません。私たちは巨大な規模の恒常的な軍事産業を創設せざるを得ませんでした。これに加えて、三五〇万人の男女が防衛部門に直接雇用されています。私たちは、アメリカのすべての会社の純収入よりも多いお金を、毎年軍事に費やします。

莫大な軍備と巨大な軍需産業との結びつきという事態は、アメリカの歴史において新しい経験です。その全体的な影響は——経済的、政治的、そして精神的な面においてさえ——すべての都市、すべての州議会議事堂、そして連邦政府のすべてのオフィスで感じ取られます。私たちは、この事業を進めることが緊急に必要であることを認識しています。しかし、私たちは、このことが持つ深刻な将来的影響について理解し損《そこ》なってはなりません。私たちの労苦、資源、そして日々の糧《かて》、これらすべてが関わるのです。私たちの社会の構造そのものも然りです。

我々は、政府の委員会等において、それが意図されたものであろうとなかろうと、軍産

複合体による不当な影響力の獲得を排除しなければなりません。誤って与えられた権力の出現がもたらすかも知れない悲劇の可能性は存在し、また存在し続けるでしょう。

この軍産複合体の影響力が、我々の自由や民主主義的プロセスを決して危険にさらすことのないようにせねばなりません。（この部分の訳は、元佐賀大学理工学部教授・豊島耕一《とよしまこういち》氏）

第二次大戦後、朝鮮戦争までの間、米軍は弛緩《しかん》した軍隊でした。朝鮮戦争後、米軍は常に戦う軍隊となりました。戦うための口実がつくり出される時代に入っていったのです。「朝鮮戦争」は朝鮮半島に何の解決ももたらしませんでした。しかし、朝鮮戦争によって、米国は常に戦争をし続ける国になったのです。それは朝鮮戦争時の「もし韓国が陥落するのを許せば、共産主義者たちはこれに勇気づけられて、米国の海岸により近い諸国まで蹂躙するようになるだろうと考えた」という判断（そして本書をお読みいただければわかるように、これは間違った認識なのですが）を基盤にしているのです。

［第一章］

朝鮮戦争は なぜ起こったか

米国・北朝鮮・ソ連・韓国・中国の犯した誤り

第二次世界大戦後、38度線が確立され、朝鮮半島はほぼ中央で分割された。1950年6月25日、北朝鮮軍がこの38度線を越えて、韓国に軍事攻撃を行ない、朝鮮戦争が勃発した。この戦争は1953年7月27日の休戦協定調印まで3年以上も続いた

朝鮮戦争勃発時、北朝鮮軍は迅速にソウル（京城《けいじょう》）を奪います。米軍はあわただしく対応策を講じます

一九五〇年六月二十五日、金日成率いる北朝鮮軍が事実上の国境線であった三十八度線を越えて韓国に軍事攻撃を行ないます。戦いは一九五三年七月二十七日、国連軍と中朝連合軍（北朝鮮と中国人民義勇軍）が休戦協定に署名するまで、三年以上続きました。

七十年前のことです。国際政治で七十年というと情勢が一変する時がしばしばあります。たとえばロシア革命を経てソ連邦が成立したのが一九二二年（政権成立は一九一七年）、冷戦を経て約七十年後の一九九一年十二月に崩壊しています。しかし朝鮮戦争は、今日の国際政治にまで影響を与えています。

まず、何が起こっていたか、東京にいて、一応朝鮮半島も管轄しているマッカーサーは驚いた様子を次のように記しています。

> 一九五〇年六月二十五日、日曜日の早朝、東京大使館の私の寝室で電話のベルが鳴った。（中略）電話をかけてきたのは、総司令部の当直将校で、「将軍、いまソウルからの電報で、けさ四時に北朝鮮軍の大部隊が三十八度線を越えて南へ攻撃してきた、と知らせてきました」といった。

何万という北朝鮮軍がなだれをうって国境を越え、韓国軍の前線拠点を押しつぶし、立向うもの一切をはらいのけるほどのスピードと兵力で、南に向かって進軍しはじめたのだ。
（中略）
そんなはずはない、と私は自分にいい聞かせた。私はまだ眠って夢をみているに違いない。二度あるはずがない（注：一度は真珠湾攻撃のこと）。しかし、その時、私の優秀な参謀長ネッド・アーモンド（七月二十四日に国連軍参謀長を兼任）のきびきびしたさわやかな声がひびいてきた――「将軍、何か命令は？」。（『マッカーサー回想記〈下〉』朝日新聞社、一九六四年）

当時の朝日新聞の見出しを追ってみます。「朝鮮戦争」は、関係する国が北朝鮮、韓国、米国、中国、ソ連とあり、まだ日本が占領下の時代ですから、事実の正確な把握もできていません。どこに間違いがあるかを見つけるつもりで、眺めてください。

六月二十六日：「北朝鮮宣戦布告」「京城に危機迫る」**「解説・軍事力は伯仲」**の標題の下、下記を記載「戦局の発展は予断を許さないが、三十八度線南側に配置されている**韓国軍は八カ師団中の大半といわれ、士気高くて武器も優秀とされる**」

六月二十七日：「ト（トルーマン）大統領は重大警告　平和への侵犯容認せず」「武器の発送を命令」「京城陥落の寸前」「韓国の首都大田に移る（注：そのことは李承晩《りしょうばん》大統領の京城脱出を意

味します）」「ワシントンの反響を聴く、**局地的解決を希望、対策を秘めつつ冷静**」の標題の下「真珠湾攻撃の日のようなあわただしさはあったといっても**今度の場合、それが米国の戦争を意味するものでない**」

六月二十八日：「米海空力出動」「韓国軍を支援・台湾侵略阻止」

六月二十九日：「韓国にマ（マッカーサー）司令部　前進指揮所」「京城きのう陥落す」

六月三十日：「マ元帥前線視察から帰る、新戦術展開せん」「米地上部隊の出動、トルーマン大統領検討」「ソ連回答せず（以下本文：米国はソ連に覚書を送り、韓国に侵入した北鮮軍を撤退し敵対行為を中止するよう北鮮当局に働きかけるよう要請した。これに対してソ連政府からはまだ何の回答もきていない）」「台湾解放を宣言　北京政府」

七月一日：「米、韓国へ陸兵派遣」

北朝鮮の迅速な軍事行動と、米国のあわただしい動きが読み取れます。それにしても、朝日新聞はすでに、「解説」で「軍事力は伯仲」と報じたり、「ワシントンの反響を聴く、局地的解決を希望、対策を秘めつつ冷静」「今度の場合、それが米国の戦争を意味するものでない」と米国の動きと真逆の報道をしています。

こうした緊急事態が起こった時に、政策当事者はしばしば現状と異なるブリーフィングをします。その作為をかいくぐれるのは、書き手の日頃の蓄積しかないのです。

米国は緊急に首脳会談を行ない、軍事的対応を決めます。後述しますが、米国の参戦はそう自明のことではなかったのです。最初の会合では海空軍だけにするか、地上軍も投入するか、どの地点まで攻撃するかについて合意していません

米国は、即、軍事的な反撃を関係者の全会一致で決めます。後で見ていきますが、そうではないと見ていた層がありました。トルーマン著『トルーマン回顧録2』で一連の動きを見てみます。

一九五〇年六月二十四日土曜日、私は週末を家族と過ごすため、ミズーリ州のインデペンデンスにいた。夜十時ちょっと過ぎ、（中略）電話が鳴った。（中略）「大統領閣下、きわめて重大なニュースです。北朝鮮が南鮮に侵入しました」。（中略）彼（アチソン国務長官）は私に、米国として国連に会議を招集して、韓国に対して侵略が始まったことを宣言するよう要求する提案をした。（中略）

アチソンの次の電話は日曜日の朝十一時半ごろかかってきた。（中略）国連の安全保障理事会が緊急会議を招集したことを伝えてきた。（中略）

機上では私が考えごとをする時であった。（中略）**もし韓国が陥落するのを許せば、共産主義者たちはこれに勇気づけられて、米国の沿岸により近い諸国まで蹂躙《じゅうりん》するようにな**

るだろうと考えた。（中略）

インデペンデンス号が着陸した時、アチソン長官は飛行場に私を迎えた。ちょうど少し前帰国したジョンソン国防長官も、迎えに出ていた。

（関係者の集まった）この討議において、二つのことが明白になった。**第一は、全力をもってこの侵略に対処しなければならないことを、全ての人が認めたこと**（注：後で見ることになりますが、断固として戦うことは事前の米国の雰囲気ではありませんでした）、第二は、国連または米国が、この侵略から避けて逃れることが出来ると提案したものは、誰もいなかったことである。

その討議から私の心の中に浮かんだもう一つの点は、何をするかについて意見の相違だった。バンデンバーグ（空軍参謀総長）とシャーマン（海軍作戦部長）は、海空だけで充分であると考えた。コリンズ（陸軍参謀総長）は、もし韓国軍が敗れたら、地上軍が必要であると語った。（中略）**ブラッドレイ将軍（統合参謀本部議長）は、どこかに線（どこまで戦うか）を引かなければならないだろうと言った**（注：ここで意見の対立が生じてきます）。

朝鮮戦争勃発後の一週間、米国政府はどのような情報を持ち、どのような決定を行なったか。学者が動きをまとめています。これと前述の朝日新聞の報道と比較してみてください。その落差の大きさに驚きます

政治学者グレン・ペイジは著書『アメリカと朝鮮戦争』（サイマル出版会、一九七一年）で開戦当時、米国政府がどのような情報を持っていたか、そしてどのような決定をしたかについて朝鮮戦争勃発後の一週間の動きを整理しています。見事な作品だと思います。グレン・ペイジはプリンストン大学、ハーバード大学で学んでいますが、朝鮮戦争に従軍しています。

ペイジは日時、決定単位（誰が参画したか）、情報、価値、選択肢、決定、補足に分類して、表「決定諸変数と朝鮮決定」を掲載しています。ここでは頁作成の関係上、日・順、情報、決定を抽出し記載します。

日・順	情報	決定内容
1	ムチオ（駐韓国米）大使から入電、報道	安保理事会の招集を求める
2	台湾に関するマッカーサーメモ	強い抵抗姿勢をとる
	全面侵攻を確認するメモ	韓国への軍事的供給を早める

	安保理事会の好意的行動	撤退に軍事掩護《えんご》を与える
	韓国軍はもちこたえるかもしれない	国連の重ねての行動を待つ
	ソ連は北朝鮮の行動を支持した	台湾に関する決定を延期する
	米国、ソ連に対する軍事的優越を持つ	朝鮮へ使節団を派遣する
	米国は極東に軍事的力量を持つ	
	侵入は第二次世界大戦の諸侵略に似る	
	アチソン勧告	
	相互の態度の直接評価	
3	韓国軍崩壊寸前というマッカーサー報告	韓国に空・海軍を出動させる
	アチソン勧告	フィリピンにおける軍隊を強化する
	空・海の支援が決定的なものになろう	台湾を中立化する
	ソ連はおそらく介入しないであろう	極東における共産主義の拡大を厳封
	国連による制裁の強い支持に関する報告	インドシナへの軍事援助を急がせる
	宥和《ゆうわ》しないという決意の共有	米国の行動を国連に報告する
4	軍事的困難の報道	空・海作戦を北朝鮮に拡大する
	ジョンソン勧告	韓国で現役軍を行使する
	ソ連の穏健な反応	釜山地域へ戦闘部隊を派遣し防御する
	圧倒的に好意的な国内・国外の反応	ソ連が参戦すれば再考する

5	韓国軍は敵の前進を遅らせられない マッカーサー勧告	戦闘地域に一連隊規模の戦闘団出動
6	ソ連の侵略は切迫していない 二個師団がおそらく適当であろう	二個師団編成に関する決定を延期する マッカーサーに彼の指揮下の戦闘部隊を使用する全権限を与える

後世、米国では朝鮮戦争をどのように見たでしょうか。戦後の米国の安全保障関係で最も影響力のあったヘンリー・A・キッシンジャー（大統領補佐官、国務長官などを歴任）は、その著書で厳しく批判しています

第二次大戦後、米国は世界最強になります。「悪」と見なす勢力が出てきた時、これとどう対《たい》峙《じ》するか、という問題が出ます。

一つは「敵を抹殺する」という選択です。

もう一つは「敵を封じ込めておく」という戦略です。その戦略の背景には、❶「相手を抹殺する」戦略は相手に多大な損害を与えるが、同時に、味方にも耐えられないような損害を与える、❷悪の相手政権はそのうちに自壊する（まさにソ連がそうです）というものです。

さらに「封じ込め政策」の基本はソ連を悪とし、ソ連の攻撃を前提としつつも、❶ソ連は必然的に内部崩壊するのでそれを待つ、❷ソ連の周辺を固め、その攻撃に耐える体制をとることにありました。ここでは主導権はソ連側にあります。

この考え方の構築者はジョージ・F・ケナン（米国国務省政策企画部長）です。ジョージ・ケナン的外交は、朝鮮戦争で負けます。キッシンジャー著『外交〈下〉』（日本経済新聞社、一九九六年）を見てみます。

- 封じ込め政策がもたらしたものの一つは、アメリカが最も強力であった時期に、本質的に受け身の外交を行なわせることになったことである。
- （第二次大戦後）勢力圏というものは実際に生まれつつあった。（中略）西側が立ち直る過程を妨害することに（クレムリンは）全力をあげた。アメリカの指導者たちは、ソ連邦のそれ以上の拡大に抵抗しなければならないことを承知していた。
- 大なり小なり場当たり的な提案が行なわれた後に、ついに一世代以上にわたって封じ込め政策のバイブルとなる文書が登場した。（中略）一九四七年七月にフォーリン・アフェアーズ誌に発表された（中略）その論文（「ソビエト対外行動の源泉」）の著者名はXとされていたが、後にそれは当時の国務省政策企画部長であったジョージ・F・ケナンであることがわかった。
- 三年間、封じ込め政策は考えられていた通りに機能した。大西洋同盟（NATO：北大西洋条約機構）はソ連邦の拡大に対する軍事面での防波堤として働く一方で、マーシャル・プラン（米国による欧州復興計画）は西ヨーロッパを経済的、社会的に強化した。

（中略）

しかし封じ込め理論は大きな欠点を有しており、その結果、アメリカの指導者は二つの間違った前提に基づいて行動することになった。すなわち、第一はアメリカに対するさまざまな挑戦は、第二次世界大戦の時のようにはっきりとしたものであるという前提、第二は封じ込め理論が仮定したように、共産主義者達は彼ら自身の支配が崩壊するのを、手をこまねいて待つであろうとの前提である。彼らは共産主義者達がアメリカにとって政治的あるいは戦略的に扱いの最も難しい地域を標的として選択し、そこを突破しようとするかもしれないという可能性を考慮しなかった。（中略）

一九五〇年六月二五日に、アメリカの防衛境界線の外側とされて、すべてのアメリカ軍が前年に撤退していた国に共産主義の代理人が軍事攻撃した事実に直面した時、アメリカは封じ込めの持つ不明確な部分に突然直面することとなった。

侵略国は北朝鮮であり、被侵略国は韓国であった。両国ともに、アメリカの戦略の中心地と当然のように考えられていたヨーロッパから遠く離れていた。しかし、**北朝鮮の攻撃からわずか数日後にトルーマン大統領は、アメリカの計画において考慮されたことはなく、議会証言において提案されたこともない地域の防衛の戦略実施のために、十分に訓練されていない日本占領軍の中から派遣軍を編成した。アメリカの戦後の政治的、戦略的考え方は、この種の攻撃の可能性を全く見逃していたのである。**

- **アメリカの態度からは、北朝鮮が北緯三十八度線を越えた場合には外交上の抗議以上の**

ことが行なわれることになるということが、モスクワや北朝鮮の首都である平壌《ピョンヤン》の政策決定者には伝わらなかった。彼らは、アメリカが一九八〇年代後半の和解的態度から一九九〇年のペルシャ湾における大規模な展開へとその姿勢を変化させた時のサダム・フセインのように驚いたに違いない。

モスクワや平壌の共産主義者達は、アメリカの指導的立場にある人々が朝鮮半島をアメリカの防衛境界線外と位置づけた発言を真に受けて、その発言に重きをおいていたのである。

彼らは、比較できないほどはるかに重要な中国における共産党の勝利を黙認した後のアメリカが、朝鮮半島の半分が共産党によって乗っ取られることなどには抵抗しないであろうと考えていたのである。アメリカの政策決定者にとって、共産主義者による攻撃に対する抵抗は倫理的な義務であるという、アメリカが繰り返してきた宣言のほうが、戦略的分析よりもはるかに重みがあることを、彼らが理解できなかったことは明らかである。

以上、キッシンジャーの批判を見ました。米国は朝鮮戦争を契機に「封じ込め」政策から「巻き返し」政策に移行します。

朝鮮戦争は誰が始めたのでしょう。北朝鮮か韓国か。中国を含め北朝鮮の友好国は韓国といい、西側は北朝鮮という。中国人学者、朱建栄《しゆけんえい》氏は北朝鮮が最初に攻撃と示唆しています

朝鮮戦争勃発当初より、西側諸国、および国連などによって、「北朝鮮が三十八度線を越え、侵略してきた」という見解が持たれています。オーストラリアの学者ガバン・マコーマックは著書『侵略の舞台裏――朝鮮戦争の真実』（影書房、一九九〇年）の中で「南北いずれの側にも戦争に踏み切るだけの十分な動機、ないしは十分な意図があったのであり、そしていずれの側も戦争を計画していた可能性はあるが、その証拠は多分に状況証拠的なものであり、決定的証拠ではない（傍点原著者）」と記述しています。学者的に書くとこうなるでしょう。

では当事者の北朝鮮の金日成はどのような発言をしているのでしょうか。

「祖国解放戦争の時期　朝鮮人民に呼びかける放送演説（1950・6・26）」を『金日成選集〈第二巻〉』（三一書房、一九五二年）で見てみます。

・六月二十五日、売国奴李承晩政権は、三十八度線以北地域に全面的な侵攻を開始した。
わが勇敢な警備隊は、（中略）李承晩傀儡《かいらい》政府軍の進攻を挫折せしめた。

・わが人民軍に決定的な反撃戦を開始し、敵の武装勢力を掃討せよと命令した。

- われわれ人民がひとしく渇望してやまない祖国の統一と独立を保障する、名誉ある勝利をたたかいとろう。
- **人類の歴史は、みずからの自由と独立のための闘争に決死的に立ち上がった人民が、常に勝利したことを示している。**
- **わが祖国を統一させねばならぬ時期は到来した。**

太字の部分を見れば、単に攻撃されただけの人の発言ではありません。「積極的に祖国の統一のために戦う」姿勢が明確です。

さらに、金日成著『祖国解放戦争』（青木書店、一九五三年）で見てみます。

六月二十五日、売国奴李承晩傀儡政府は、三十八度線以北に全面的な侵攻を開始した。

つまり、金日成は、「朝鮮戦争は韓国が開始した」と主張しています。しかし同時に、「（この戦争で）李承晩傀儡政権を掃討し、わが祖国の南半分を李承晩の支配から解放」「戦争は、祖国の統一と独立と自由と民主主義のための正義の戦争である」としていますから、**積極的に戦争を遂行する意思を持っています。**

北朝鮮に同情的な国、組織、人々は「韓国軍が最初に撃った」といい、韓国に同情的な人々は「北朝鮮が最初に撃った」と主張しました。対立がありました。

この中で面白い記述があります。朱建栄著『毛沢東の朝鮮戦争』です。それを記述する前に、朱建栄氏について言及しておきます。

朱建栄氏は極めてユニークな中国人学者です。一九九四年、『江沢民の中国』（中央公論社）を出版した時には、中国人学者にしては異例といえるような鋭い切り口を見せ、びっくりしました。しかし、二〇一三年七月拘束され、九月、中国外務省の洪磊《こうらい》副報道局長が記者会見で「朱氏は中国国民であり、中国の法律と法規を順守しなければならない」と述べる事態がありました。彼の立ち位置には微妙なものがありますが、彼は一九九一年、岩波書店から『毛沢東の朝鮮戦争』を刊行しています（二〇〇四年岩波現代文庫で再刊）。

朱建栄氏は、取材に応じてくれた周恩来《しゅうおんらい》首相の秘書や、朝鮮戦争当時の軍総参謀本部情報担当の幹部、外交官などに、相次いでこの問題をただしました。彼らは意外にも一様に、自分の実名を挙げないという前提で、一九五〇年六月二十五日に始まった戦争は、当初、朝鮮側にとっての祖国解放戦争であったと素直に語り、金日成が発動したと示唆しました。

初代の中国駐朝臨時代理大使である柴成文《さいせいぶん》に北京でインタビューしたとき、まずこの点（注：「朝鮮戦争の引き金を引いたのは誰か」）をただした。彼は快く話してくれた。

「朝鮮戦争で誰が先に発砲したかについては、朝鮮側と韓国側とが互いに責は相手方にあるとしている。この問題については、周恩来総理が一九五三年、政治協商会議において行った朝鮮戦争に関する報告の中でも言及するのを避けた。（中略）なぜ我々が最初の発砲者を誰であるか特定しないのか。敵対する双方が虎視たんたんと対峙していたときに、いずれか一方が相手を挑発して、初弾を発砲させることはいともたやすいことだからである。戦争の勃発要因、背景は政治、経済、軍事など、多方面にわたるもので、それらを統合してみて、初めて真実の歴史を再現することができる。**誰が先に発砲したかという問題は、せいぜい戦争の導火線の類といえよう。**（中略）我々はかつて国民党と共産党との内戦で、誰が先に発砲したのかを問題にしたことはない。たとえ中国共産党が先に国民党に対して発砲したとしても、人民を抑圧していた国民党側に正義があったということにはならない」

中国の公式見解および教科書はすべて、「李承晩グループが米帝国主義の支持の下で発動した侵略戦争」と性格づけてきました。そのような雰囲気の中で、外交官だった柴成文があえて、周恩来が、さらには引用は略しましたが彭徳懐《ほうとくかい》もが、内部の総括では、「（この問題について）言及するのを避けた」という表現で、金日成側が発動したことを示唆したことに意義があります。

よほどの根拠がなければ、中国人学者が「金日成が発動」と示唆する発言はできません。中国は朝鮮戦争に参加する過程で「誰が最初に撃ったか」を真剣に検証したと思います。「誰が最初に攻撃したか」の問いには、朱建栄氏の記述で大体の答えが出ていると思います。

朝鮮戦争で中国は義勇兵を送ります。したがって朝鮮戦争勃発時には、金日成は毛沢東と緊密な連絡を取っていたと思いがちです。でも実際は、金日成は全く連絡していないようです。もし、そうだとすると、「朝鮮戦争勃発をそそのかしたのは毛沢東だ」という説は崩れます

中国に師哲《してつ》という人物がいました。「中共中央書記處政治秘書室主任」という職にいました。毛沢東の側近です。これから紹介する著書『毛沢東側近回想録』（新潮社、一九九五年）の前書きに王震《おうしん》（国家副主席等歴任）が彼の経歴を書いていますので、内容の信憑性《しんぴょうせい》は高いと思います。毛沢東の妻、江青《こうせい》が彼を「目の仇《かたき》」にしたこともあって十九年間収監され、審査を受け追放、その後、復活という経歴を持っています。

- （一九五〇年）六月二十五日、朝鮮半島に内戦が勃発した。
- わが党の中央は、戦争の勃発を事前になんら知らなかった。師哲は当時を回顧して、次のように述べている。六月二十六日早朝、豊沢園（中南海《ちゅうなんかい》にある毛沢東の住居）へ行くと、毛沢東が庭で散歩しており、「昨夜パリからの報道で見たが、朝鮮戦争が勃発した」と私に語った。毛沢東は西側の通信社からこのニュースを知ったのである。

・戦争が勃発してから四日目（六月二十八日）、朝鮮から佐官一名が戦況を知らせるため北京へ派遣されて来た。事後、毛沢東は不愉快な気持ちを吐露して、師哲に次のように語っている。彼らはわれわれの近隣だが、戦争勃発もわれわれと相談せず、人さまが反攻する時になってから、やっと知らせにきた、と。

・その頃、われわれは福建《ふっけん》沿海一帯に大勢の兵力を集結し、台湾解放を積極的に準備していた。もしも後に朝鮮戦局の変化がなかったならば、台湾解放の戦役の日はそう遠くはなかったはずである（注：この項は『毛沢東側近回想録』の中で別人が特別に寄稿）。

もちろん、開戦前に金日成と毛沢東は北朝鮮が南朝鮮を攻め入ることを討議はしていると思います。しかし、開戦日を具体的に事前に知らせなかったのは、当時の中朝関係を理解する上で、重要な意味を持つと思います。

朝鮮戦争と台湾の関係は、通常あまり考えられていませんが、これは関連していきます。朝鮮戦争で南北間の境界線は何も変わりません。しかし朝鮮戦争がなかったら、中国が蔣介石《しょうかいせき》を台湾から追い出している可能性が高かったのです。カナダ人学者は著書『朝鮮戦争と中ソ関係』（コリア評論社、一九七六年）の中で「横取りされた台湾解放」という節を設けています

まず、カナダ人学者ロバート・シモンズの説明を見てみましょう。

> 中国は朝鮮戦争が始まる前に、台湾侵入の準備を完了していた。（中略）台湾の陥落はすでに広く予想されたものであった。

すでに、毛沢東に近い師哲の著書『毛沢東側近回想録』の中で「その頃、我々は福建沿海一帯に大勢の兵力を集結し、台湾解放を積極的に準備していた」と記しているのを見ました。

蒋介石は中国共産党との戦いに敗れ、台湾に逃げます。一九四九年十二月七日に、中央政府機構も台湾に移転して、台北市《タイペイ》を臨時首都としました。これまで、米国は蒋介石を支援してきましたが、トルーマン大統領は蒋介石に嫌気がさしています。**トルーマンは自己の回顧録に、「蒋介石は中国国民の尊敬と支持を得ていなかった。蒋介石の態度は、時代遅れの総督の姿であった」**（『トルーマン回顧録2』）**と記述しています。**

ここで、トルーマンは一九五〇年一月五日、「台湾問題に関する声明」を発表します。

ハリー・トルーマン◎（1884～1972）米国政治家。1945年1月～4月副大統領、45年～53年第33代大統領（民主党選出）。フランクリン・ルーズベルトの死を受け副大統領から大統領に昇格。朝鮮半島をめぐっては、ルーズベルトの信託統治案から米ソ分割統治へ転換。朝鮮戦争への米軍介入を決定。50年11月「原爆の使用を辞せず」と発言するも、中国本土決戦を主張するマッカーサーを51年に解任。

・合衆国は、台湾または中国のその他のいかなる領土を略奪しようとする意図ももってはいない。
・合衆国は、（中略）台湾に軍事基地を建設する意思をもっていない。
・**合衆国政府は台湾にいる中国軍に対して軍事援助を提供したり、助言を与えたりすることはないであろう。**（『原典中国現代史〈第6巻〉外交』岩波書店、一九九五年）

後で詳細を見ますが、一九五〇年一月十二日、ディーン・アチソン国務長官が、「アメリカが責任を持つ防衛ラインは、アリューシャン列島—日本—琉球（沖縄）—フィリピンまでである。それ以外の地域には責任を持たない」との有名な演説を行ないます。ここから「アチソンライン」という言葉が生まれますが、この防衛線には、台湾、インドシナ半島などとともに朝鮮半島への言及がありません。

中国は、米国は蔣介石を支援しない可能性があると判断して、台湾進攻を真剣に検討していました。ここに朝鮮戦争が始まりました。トルーマン大統領は態度を一転させ、朝鮮戦争勃発の直後の六月二十七日、「台湾海峡『中立化』に関する声明」を発表します。

アチソンライン◎ディーン・アチソン国務長官（トルーマン政権下、在任1949〜53）は共産主義封じ込め政策を継続。1950年1月12日、ワシントンD.C.のプレスクラブで、極東でも米国の防衛線はアリューシャン列島—日本—沖縄—フィリピンを結ぶ線である（このラインの軍事侵略に米国は反撃するとする「不後退防衛線［アチソンライン］」）と演説。台湾と朝鮮半島が入っていないことが注目された。

•朝鮮に対する攻撃は、共産主義が独立国を征服するため、転覆手段に訴える範囲を越えて、今や武力侵略と戦争に訴えようとしていることを疑う余地のないまでに明らかにしている。（中略）こういった状況のもとで、共産軍による台湾の占領は、太平洋地域の安全および同地域で合法的な、しかも必要な職務を遂行しているアメリカ軍部隊に直接の脅威を与えることになろう。

•このため私は、台湾に対するどのような攻撃をも阻止するよう第七艦隊に命令した。

トルーマン声明に対して周恩来外交部長は、翌六月二十八日「わが国の全人民はみな心を一つにして、アメリカの侵略者の手から台湾を開放するために最後まで奮闘するであろう」と述べますが、当時の米中の力関係からいって、中国が台湾を統一することはできなくなりました。まさに「横取りされた台湾解放」です。

朝鮮戦争は朝鮮半島の勢力図を何も変えませんでしたが、中国・台湾間関係では大変な影響が出ました。

朝鮮戦争の勃発前、米国も、北朝鮮の金日成も、ソ連のスターリンも、中国の毛沢東も皆敵対勢力の動きを読み違えています。
もし彼らが正しい認識を持っていたなら戦争にならなかったでしょう。
最大の混乱要因は、アチソン国務長官の発言です

(1) 北朝鮮が攻撃しても米国は反応しないと思わせるような、アチソン国務長官発言があります。

第二次大戦以降、米国は軍事的にも外交的にも世界最大の大国になり、世界を動かしてきたといえます。したがって、いかなる地域の問題であれ、米国がどのような政策をとるかで、その地域情勢の動向が決まるところがあります。

朝鮮戦争勃発に関しては、「台湾問題に関する声明」との関係が極めて重要です。

以下、アチソンが一九五〇年一月十二日にナショナル・プレスクラブで演説した要点です。

- 日本の防衛はいかなる形であれ、放棄したり弱体化させる意図は全くなく、恒久的あるいはその他の取り決めでもって防衛は維持されるべきであり、また維持されることを確約する。

・この防衛境界線はアリューシャン列島に沿い、日本に行き、そして琉球に行く（注：朝鮮半島が米国の防衛ラインに入っていないという読み方ができる可能性があります）。
・太平洋の他地域の軍事的安全に関しては、いかなる者も軍事攻撃に対し、これら地域を保障することはできない。
・かかる攻撃が発生した時には、こうした攻撃がどこから来たかを言うのを躊躇《ちゅうちょ》するし、初期は攻撃された人々の抵抗に依存し、**次いで国連憲章の下における文明世界全体のコミットメントに依存する。**

「朝鮮戦争」ではアメリカは単独で防衛したのではなく、「国連軍」という旗の下に参加しています。したがって、右記の部分で、「防衛境界線はアリューシャン列島に沿い、日本に行き、そして琉球に行く」の中に朝鮮が入っていなくても、「国連憲章の下における文明世界全体のコミットメントに依存する」との中で米軍が出る（まさに朝鮮戦争での米国の対応です）と、どれだけの人が解釈できたでしょうか。

アチソンは日本防衛を行なうことは明確にしていますが、他地域は自己防衛と、国連に依存すると言ったのです。そのことは米国が防衛しないという誤解を生みます。

歴史を調べていきますと、アチソン発言は決して彼の独自の見解ではないのです。

（2）マッカーサーは、韓国の防衛は不可能として、朝鮮半島の防衛を考えていません。

ウィリアム・ジョセフ・シーボルト連合国軍最高司令官総司令部外交局長（国務省の代表、駐日大使に相当）は、著書『日本占領外交の回想』（朝日新聞社、一九六六年）で次のように記述します。

• 米国は終始、朝鮮におけるすべての外国軍隊が、撤退すべきことを主張した。一九四八年九月二十日、米国はこの立場を再確認し、「すべての占領軍が早期に朝鮮から撤退することは、朝鮮民衆の最上の利益にかなうものである」との公式声明を行なった。

• **彼（マッカーサー）でさえ、当時私に、韓国は軍事的に防衛不可能だから、米軍の撤退は当然である、と語ったほどである。**一九四九年三月一日、英国の新聞記者、G・ワード・プライスとのインタビューで、マッカーサーは次のように述べている。

「……われわれの防衛線は、アジアの沿岸をつづる鎖状の島々を走っている。それはフィリピンからスタートし、主要基地沖縄を含む琉球諸島へと続いている。それから日本とアリューシャン列島を通ってアラスカに連なっている」。

これこそ確固とした米国の政策であったことは、一九五〇年一月十二日、アチソン国務長官が、ワシントンのプレスクラブで行なった有名な演説の言葉によって明確に指し示されていた。（中略）これはほぼ一年前、マッカーサーがワード・プライスとのインタビューで述べたといわれる内容と、ほぼ一致していた。マッカーサーとアチソンの二人が明らかにした防衛線から韓国が抜けていた。

アチソンは自分だけの考えを述べていたわけではないのです。

アチソン演説をどう解釈するかは、「朝鮮戦争の根源」を知る上で極めて重要なので、さらに他の説明を見てみます。

トルーマンは回顧録で、次のように記しています。

統合参謀本部は、朝鮮からの兵力を引き抜くことに関する軍事的見通しについて、慎重な検討を加えた。そして一九四七年九月、米国が兵力の少ない占領部隊を朝鮮に維持していても、戦略上利点はないと報告した。その当時統合参謀本部のメンバーは、リーヒー提督のほか、アイゼンハワー将軍、ニミッツ提督、スパッツ将軍であった（注：これらの人々は当時の米国軍人の最高クラス）。彼らの見解は、国防長官に宛てた次の覚書の中に述べられている。

「（前略）米国が朝鮮に現在の兵力や基地をおいても、戦略的利益がほとんどないと考える。その理由は次の通りである。（中略）

朝鮮にある現在の兵力は軍事的負担となるが、敵対行動（ソ連等による）を開始する前、本格的増援を受けなければ維持することが出来ない。さらにアジア大陸で米国が攻撃作戦をしようとする場合には、朝鮮半島を迂回《うかい》する公算が最も大である。（中略）

航空兵力をもってする作戦は、大規模の地上作戦よりももっと実施しやすく、損失も少なくて済む。現在の軍の兵力が著しく少ないのに照らし、現在朝鮮に置いてある二個師団からなる合計四万五千名の軍団は、どこか他の場所に使うことができる」

ロイヤル陸軍長官が一九四九年二月はじめマッカーサー将軍と話をした時、将軍は南鮮から早く米軍を撤退させるのがよいと語ったという。（中略）

韓国は、軍隊の兵員数を約六万五千名程度にし、その訓練は十分な程度にまで進展していた。彼らのために米国陸軍から約五千名の将兵からなる軍事顧問団が援助に当たっていた。この軍事顧問団を除き、米国最後の部隊は一九四九年六月二十九日に韓国から引き揚げた。

米国は、軍の最高意思決定機関で、朝鮮半島を守る必要がないことを決めていたのです。しかし、このことは、何らかの新しい展開になった時に、同じ原則で動くかというと違うのです。ここが米国外交を見る上で難しい点です。

まず米国国務長官は「米国の防衛はアリューシャンから日本のライン」と言いました。
米軍は韓国から撤退しました。
あなたが当時のソ連、中国、北朝鮮の幹部だとして、
北朝鮮が韓国を攻撃したら米国はどう反応すると思いますか

キッシンジャーは著書『外交〈下〉』の中で、次のように記述しています。再度引用します。

アメリカの態度からは、**北朝鮮が北緯三十八度線を越えた場合には外交上の抗議以上のことが行なわれることになるということが、モスクワや北朝鮮の首都である平壌の政策決定者には伝わらなかった。**彼らは、アメリカが一九八〇年代後半の和解的態度から一九九〇年のペルシャ湾における大規模な展開へとその姿勢を変化させた時のサダム・フセインのように驚いたに違いない。

モスクワや平壌の共産主義者達は、アメリカの指導的立場にある人々が朝鮮半島をアメリカの防衛境界線外と位置づけた発言を真に受けて、その発言に重きをおいていたのである。

彼らは、比較出来ないほどはるかに重要な中国における共産党の勝利を黙認した後のアメリカが、朝鮮半島の半分が共産党によって乗っ取られることなどには抵抗しないであろ

う と考えていたのである。アメリカの政策決定者にとって、共産主義者による攻撃に対する抵抗は倫理的な義務であるという、アメリカが繰り返してきた宣言のほうが、戦略的分析よりもはるかに重みがあることを、彼らが理解できなかったことは明らかである。

こうした状況下、ソ連や中国や北朝鮮のスパイが米国で情報を収集していた場合、それでも「米国は朝鮮半島を守る用意がある」と判断できるでしょうか。

米国は世界最強の国です。米国の考えで世界は動きます。しかし、このアメリカの考えは一枚岩ではないのです。穏健な政策が示された後、それを前提に強硬な手段に出る国は、こっぴどく反撃を受けるケースがしばしばあります

キッシンジャーが朝鮮戦争を説明する際に、米国の豹変に遭遇して「彼ら（北朝鮮等）は、アメリカが一九八〇年代後半の和解的態度から**一九九〇年のペルシャ湾における大規模な展開へとその姿勢を変化させた時のサダム・フセインのように驚いたに違いない**」と記述しています。

次のことは日本ではあまり知られていませんが、米国を知るために紹介します。

一九八八年イラン・イラク戦争が終わりました。イランの宗教支配が拡散するのを恐れ、米国はイラン・イラク戦争中、イラクのサダム・フセインを支援します。武器供与をするだけでなく、イラクの化学兵器の使用も黙認します。

この時期、私は在イラク大使館に勤務していました。一九八八年三月十六日、イラク、クルディスタン地域のハラブジャで化学兵器が使われ、多数の住民が死亡しました。たぶんＣＩＡ（アメリカ中央情報局）系と思われる人物がすぐハラブジャに出かけ、土などを採取してきました。イラクが化学兵器を使用したのを確認するためです。

イランは一九八八年七月に安保理決議の受諾を表明し、八月二十日に停戦になりましたが、その直前、イラク軍はイラン南部のイラン兵に対して化学兵器を使用して攻撃し、イランの南部油田を確保しようとしていたと見られます。しかし米国はイラクに苦情や抗議をしていません。

サダム・フセインは、自分の後ろに米国が常にいると確信していました（私は、サダム・フセインがエジプトにいる時にＣＩＡと関係を持ったのではないかと見ています。サダム・フセインは一九六三年にエジプトから莫大な資金を持って帰国し、この資金で彼の基盤を固めていきます。当時サダム・フセインにこうした莫大な資金提供ができるのは米国以外に考えられません）。

イラクはイランと戦う際、サウジアラビアとクウェートから資金調達をしています。サダム・フセインからすると、自分はシーア派のイランと戦っている、それはスンニー派のサウジ、クウェートを助けるためであると思っています。戦争が終わって、クウェートは執拗に資金の返済を求めます。それまでイラクとクウェートは国境線の石油鉱区をめぐり、争いを続けていたのですが、サダム・フセインは「それなら軍事力で取り返す」と決意します。

ここでサダム・フセインは駐イラク米国大使エイプリル・グラスピー（女性）を呼び、クウェート侵攻の意図を述べます。グラスピー大使は「私の任務は二国間関係を発展させることにある。アラブの問題はアラブの中で解決して欲しい」と述べます。サダム・フセインはこの発言はゴーサインであると解釈します。たぶん米国政府の態度はそのようなものだったのでしょう。ところが、イラク軍がサウジ国境まで進軍した段階で米国の態度が一変し、「クウェート侵攻は許さない」となるのです。

長々と述べました。一見朝鮮戦争と関係なさそうです。しかし構図は朝鮮戦争と同じなのです。

❶北朝鮮や、イラクが事前に調査をした段階では、「攻撃しても、米国は黙認するであろう」と思われる状況は十分あった。

❷しかし、北朝鮮や、イラクが軍事行動をとった時には、米国関係者のこれまでの発言と矛盾し、米国は強硬な対応をとる。それはこれまでの政策決定に関与していなかった人々が参画してくることによる。朝鮮戦争では、それはトルーマン大統領でした。

重要なプレイヤーの一人、ソ連は何を考え、どう動いていたのでしょうか。ソ連の第一人者であったフルシチョフの回顧録で見てみたいと思います

ウクライナ共産党の責任者を務めていたフルシチョフは、一九四九年十二月にウクライナからモスクワに戻り、スターリン死去の後、一九五三年九月から一九六四年十月まで、ソ連共産党第一書記を務めます。失脚後、フルシチョフは回想録を執筆し、米国のタイム社にひそかに送りま

す。この回顧録には様々な評価がありますが、偽物ではないということで定着していると思います。

そこでの朝鮮戦争の記述を見てみたいと思います。（『フルシチョフ回想録』）

一九四九年の終わりに私がモスクワに移された頃、金日成が代表団をひきいて訪れ、スターリンと協議した。北朝鮮人は南朝鮮を銃剣の先でつっつきたがっていた。**金日成の言によれば、最初のひと突きで南朝鮮の内部に爆発が起こり、人民の力が勝利を得る――すなわち北朝鮮を支配している力が勝ちを占めるということだった。**（中略）その考えが共産主義者としての彼の信念にさらに強く訴えたのは、**この闘争は朝鮮人が自分たちだけで解決する内部問題となるからだった。**

北朝鮮側は、李承晩に踏みにじられている自分たちの兄弟に援助の手を差し伸べたいと望んでいた。

スターリンは金日成に、その問題をじっくりと考え、よく計算した上で、具体的な計画をねって戻ってくるようにと説いた。

金は帰国し、全ての段取りをつけてから、またモスクワにやって来た。彼はスターリンに絶対に成功を確信しているといった。**私はスターリンが彼なりの疑惑を感じていたことをおぼえている。**スターリンが心配していたのは、アメリカが介入することだったが、**我々は、**もし戦争が迅速に展開すれば――むろん金日成も、素早く勝利を収めうると確信していたが――**アメリカの介入は避けられるとする考えに傾いた。**

それでもスターリンは、金日成の提案について、毛沢東の意見を打診することに決めた。ここで強調しておかなければならないのは、**この紛争がスターリンではなく、金日成の考えによったということである。金こそが発起人だった。**スターリンはもちろん彼を思いとどまらせようとしなかった。私の意見でも、真の共産主義者ならば誰でも、南朝鮮を李承晩と反動的なアメリカの影響から解放したいという金日成のやむにやまれぬ欲求に、水をさすようなことはしなかったはずである。（中略）

毛沢東の答も肯定的だった。彼は金日成の提案を承認し、**この戦争が朝鮮の人民が自分たちだけで解決すべき国内問題となるのだから、アメリカは介入しないだろうという意見を寄せてきた。**

私はスターリンの別荘で開かれた意気さかんな晩餐《ばんさん》を思い出す。金日成は朝鮮における生活状態について語り、南朝鮮にまつわる多くの魅力的な事柄――米を栽培するのに適した土壌と素晴らしい気候、有望な漁業など――を強調した。（中略）

我々はすでにしばらく前から北朝鮮に武器を供給してきていた。明らかに彼らは、戦車、大砲、小銃、機関銃、機械設備、対空兵器などを必要とするだけ手に入れたいと望んでいた。（中略）

所定の日時が訪れ、戦争が始まった。攻撃は、最初は成功裡《せいこうり》に行なわれた。北朝鮮軍は南を迅速に席捲《せっけん》した。だが**金日成が予言していたこと――つまり最初の砲が火をふいたあ**

との内部蜂起と李承晩政府の転覆——は不幸にして実現しなかった。（中略）南朝鮮に共産主義の反乱を起こすに足るほどの内部勢力はまだ存在しなかった。（中略）金は南朝鮮には党の組織がはりめぐらされていて、党が合図を送れば人民は蜂起して反乱を起こすと信じていた。しかしそんなことは起こらなかったのだ。

このフルシチョフの回顧録は、朝鮮戦争に関係した指導者が間違った判断をしていたことを示しています。

金日成は「南朝鮮内部で反李承晩勢力が立ち上がる」と見たが、それはなかった。

これは「朝鮮人だけの内部問題だ」としたが、米国はそうは解釈しなかった。

毛沢東も「朝鮮半島内の国内問題だから、アメリカは介入しないであろう」と誤った判断をした。

スターリンを含めソ連側は「アメリカの介入は避けられる」という間違った判断をした。

でも、そのような判断をする十分な根拠が米国の態度にあったのです。

中国はなぜ参戦したか

後で詳しく見ていきますが、鴨緑江《おうりょくこう》まで国連軍が北朝鮮を追い詰めた時、中国が参戦することには、毛沢東を除く中国の幹部は消極的でした。したがって、毛沢東がどのように行動していたかは極めて重要です。いくつか見てみます。（『原典　中国現代史〈第6巻〉外交』）

毛沢東「義勇軍派遣に関するスターリン宛電報」一九五〇年十月二日

(1)われわれは義勇軍の名称のもとに、一部の軍隊を朝鮮領内に送って、アメリカとその走狗《そうく》である李承晩の軍隊と戦い、朝鮮の同志を援助することを決定した。われわれはこのようにすることが必要であると考える。なぜなら、朝鮮全体がアメリカ人に占拠されて、朝鮮の革命勢力が根本的な失敗に遭うならば、アメリカ侵略者はますます猛り狂うであろうし、極東全体にとって不利になるからである。

毛沢東「朝鮮戦争参戦についての周恩来宛電報」一九五〇年十月十三日（周恩来は朝鮮戦争への中国軍の参戦問題について協議するため、急遽《きゅうきょ》ソ連に派遣せられ、避暑地でのスターリンとの会談を終え、モスクワに戻ったところであった）

(1)政治局の同志と協議した結果、わが軍はやはり朝鮮に出動するのが有利であると一致して認めた。（中略）

(2)われわれが上述の積極的な政策を選択したのは、中国、朝鮮、極東、世界にとって有利であるからである。われわれが出兵しなければ、敵に鴨緑江まで押さえられ、国内的にも国際的にも反動の鼻息がますます高まり、あらゆる方面で不利になろう。まず東北にとっていっそう不利となり、東北国境防衛軍のすべてが引きつけられてしまうし、南満の電力が制御されよう。

要するに、われわれは参戦すべきだし、参戦しなければならない。参戦すれば利益はきわめて大きいが、参戦しなければ損害がきわめて大きい。

「周恩来の抗米援朝に関する政協常務会での報告」一九五〇年十月二十四日

いま、アメリカ帝国主義に抵抗せず、あっさり負けてしまうと、次々と受け身の立場に立たされて、どこまでも敵の侵略をうけることになる。（後略）

中国の参戦問題は極めて複雑なので、後に詳細に考察します。

［第二章］

朝鮮半島を分断せよ

1945年2月4日〜11日に行なわれた、ヤルタ会談に参加した（左から）チャーチル、ルーズベルト、スターリン。8日の会談で、朝鮮半島の信託統治案件が連合国間の討議にかけられた

©SPUTNIK/amanaimages

朝鮮国民によって悲劇なのは、日本の降伏以降、日本の総督の呼びかけのもとに、九月六日、「朝鮮人民共和国」が樹立されたのに、それが米ソの思惑で潰されたことです

朝鮮の歴史で皮肉なのは、日本の降伏後、統一朝鮮政府の成立を推進しようとしたのは日本人だったことです。

日本はポツダム宣言を受諾しました。八月十四日御前会議を開き、宣言受諾が決定され、同日、スイス公使を通じて、宣言受諾に関する詔書を発布した旨が連合国側に伝えられ、八月十五日正午、日本政府は宣言の受諾と降伏決定を国民に発表しました。

当時多くの日本人が朝鮮にいました。朝鮮半島が混乱すれば、日本人への略奪、暴行が起こる可能性は極めて高い。それで、朝鮮総督府政務総監の遠藤柳作《えんどうりゅうさく》は朝鮮半島が無政府状態に陥るのを恐れ、朝鮮人による政府樹立を、当時人望のあった呂運亨《ろうんきょう》に要請します。

呂運亨は上海で設立された大韓民国臨時政府に参加します。

呂運亨◎（ろ・うんきょう／ヨ・ウンヒョン、１８８６～１９４７）朝鮮の独立運動家。１９１８年上海で新韓青年党を組織、19年大韓民国臨時政府に参加。日本で陸軍大臣田中義一（たなかぎいち）らと会い、記者会見でも朝鮮独立を主張。30年上海で逮捕され服役後帰国。朝鮮中央日報社社長などを務め朝鮮解放のために活動。45年朝鮮建国準備委員会を発足させ、朝鮮人民共和国副主席に。米ソ対立後、左右合作中、李承晩派に暗殺される。

一九三〇年、上海で逮捕され朝鮮で三年服役し、一九三三年、朝鮮中央日報社の社長に就任します。

一九四五年八月十五日夜、呂運亨は建国準備委員会を発足させ、委員長は呂運亨、副委員長は安在鴻《あんざいこう》が就き、**総督府はここに権限を委譲します。**

一九四五年九月六日、建国準備委員会は「朝鮮人民共和国」の樹立を宣言します。

閣僚名簿は次のものです。（注：様々な人が入っていることを示すため記載）

主席………李承晩（この時点では海外）
副主席……呂運亨
国務総理…許憲《きょけん》（明治大学卒、弁護士として活動。北朝鮮で最高人民会議議長・金日成総合大学学長となり、一九五一年八月死去）
内務部長…金九《きんきゅう》（上海で臨時政府に参加、大韓民国臨時政府の警務局長等、一九四〇年から四七年まで同主席。李承晩と対立して一九四九年六月暗殺）

金九◎（きん・きゅう／キム・グ、1876〜1949）朝鮮の独立運動家。1922年上海で呂運亨らと韓国労兵会を組織。40年に重慶に脱出。大韓民国臨時政府主席を26〜27、40〜47年まで5期にわたり務める。45年11月重慶より帰国、信託統治反対国民総動員中央委員会を組織。46年李承晩率いる独立促成中央協議会と統合し、大韓独立促成国民会結成。48年3月、南朝鮮単独選挙実施をめぐり李承晩と対立。49年暗殺される。

外交部長…金奎植《きんけいしょく》（プリンストン大学で修士号、一九一九年四月に大韓民国臨時政府の外務総長。朝鮮戦争時、北朝鮮へ。当地で死亡）
軍事部長…金元鳳《きんげんぽう》（北朝鮮で最高人民会議常任委員会副委員長など）
財務部長…曺晩植《そうばんしょく》（戦後、平壌で活動。金日成に代わり得る唯一の人物だったが、ソ連は受け入れず。四六年一月から軟禁状態、朝鮮戦争で平壌陥落が目前に迫った一九五〇年十月十八日に処刑されたとされる）
保安部長…崔容達《さいようたつ》
文教部長…金性洙《きんせいしゅ》（「東亜日報」、高麗大学校、韓国民主党などの設立者、政治家、教育者、実業家。一九五一年五月から一年間、李承晩大統領の引きにより、副大統領）
司法部長…金炳魯《きんぴょうろ》（明治大学卒、弁護士、一九四八年に初代大法院長）
宣伝部長…李観述《りかんじゅつ》
書記長……李康国《りこうこく》

細かい履歴まで紹介しました。それは左右両方にわたる人々の集団であることを示すためです。オール朝鮮だったのです。「左寄り」という批判があります。しかし、左の代表的人物、曺晩植にしても、金日成に代わり得る人物でしたが、ソ連の受け入れるところとならず、四六年一月から軟禁状態におかれ、朝鮮戦争で平壌の陥落が目前に迫った一九五〇年十月十八日に処刑されたことから見ても、ソ連流共産主義者ではありません。これらの人々の**共通項は民族主義です。**

「オール朝鮮」と書きましたが、分断された後に成立した李承晩政権や、金日成政権よりは、はるかに朝鮮全体を代表し、統治能力があったと見られます。それが「朝鮮人民共和国」を形成したのです。

しかし、**朝鮮半島に上陸したアメリカ軍はこの臨時政府を認知せず、九月七日に軍政の実施を宣言し**、九月十一日アメリカ軍政庁（ＵＳＡＭＧＩＫ：United States Army Government in Korea）を設置します。また、八月の対日参戦で三十八度線以北を手中に収めたソ連軍も、十月三日にソビエト民政庁の設置を宣言します。

朝鮮人が自らの統治を目指した「朝鮮人民共和国」を米国、ソ連が認めず、各々が軍政を敷き、他方、日本総督の遠藤柳作が設立を促したという歴史の皮肉を朝鮮の方々はどう評価しているのでしょうか。

分断・アメリカの占領❶

三十八度線を境界線にすることを考え、米国の政策にしたのは誰か。後、国務長官になり、一九四五年当時陸軍大佐であったディーン・ラスクです

米国が朝鮮半島の分断を決めたことについて記述する様々な本は、ディーン・ラスクの関与について言及しています。彼が行なった回顧は米国の外交文書に収められているようですが、多くの引用は彼の著作『As I Saw It』からです。アジア情報アナリストのマーク・バリーは北朝鮮関連のニュースサイト「NK News」に掲載した記事「朝鮮の分断（The U.S. and The 1945 Division of Korea）」の冒頭、ラスクの回顧を引用しています。（https://www.nknews.org/2012/02/the-u-s-and-the-1945-division-of-korea/）

一九四五年八月十四日の会議中、日本が降伏したその日、ボーンスティール（当時大佐、後、駐韓国連軍司令官）は夜遅く、隣接する部屋で朝鮮半島の地図を熟視していた。急ぎの作業と大きな圧力の下で、米国の占領地を確定する作業に取り掛かっていた。ボーンスティールも私も朝鮮の専門家ではない。だが首都ソウルは米国の占領地側にあるべきだと思われた。ナショナル・ジオグラフィーの地図を使い、ソウルの北部を便宜的分割線と見なしたが、自然な地理的線を見つけることはできなかった。我々は自然線の代わりに三十八度線を選択し、進言することに決めた。我々の司令官たちは特段の論議もなく受け入れ、**驚いたことにソ連も受け入れた。**

この会議は、国務・陸軍・海軍の三省調整委員会（ＳＷＮＣＣ：State, War, Navy Coordinating Committee）です。さらにマーク・バリーは「ラスク書簡」に言及しつつ、次のように記述しています。

マックロイ（ＳＷＮＣＣにおける陸軍省代表）は、自分とボーンスティールに「隣の部屋に行って、**アメリカ軍ができるだけ北上して日本軍の降伏を受諾したいという政治的要望と、そのような地理にまで進出するにはアメリカ軍の能力にははっきりした限界があるという二つの事実を、うまく調和させてほしい**」と要請した。

ジョン・マックロイは戦時中陸軍次官、日本はすでに降参の可能性があるとして原爆の使用を反対した人物です。この三省調整委員会（ＳＷＮＣＣ）がいつ開催されたかは重要で、ラスクは八月十四日と記述していますが、マーク・バリーを含め、いくつかの文献は、協議は八月十日から十一日の深夜で、十四日にトルーマン大統領の承認を得たとしています。またラスクは「特段の議論もなく受け入れられた」としていますが、マーク・バリーは前述の論考で、論争があったことを次のように紹介しています。

ガードナー将軍は分割ラインを三十九度線に上げることを提唱した（注：そのことは境界線を一段と北朝鮮側に食い込ませ、米国の占領地を増やすこととなります）。この見解は、フォレスタル海相とハリマン大使と一致している。しかし、両大佐の上司、リンカーン准将は「ソ連は同意しないであろう。北への進軍が難しい」と述べ、ダン国務次官はリンカーンを支持し、バーンズ国務長官の考えでもあろうとした。

三十八度線にした一番大きいポイントは、ソウルを米国軍支配下に置くことです。三十八度線にするか三十九度線にするかの議論の中で重要なのは、三十八度線を主張したラスクはジョージ・マーシャル参謀総長の側近でもあるので、彼の進言にはマーシャル参謀総長の考えも反映されていると思われることです。

分断・アメリカの占領❷

分割案の提示前、米国の朝鮮半島についての考え方は、フランクリン・ルーズベルト大統領が推進した大国数カ国による「共同信託統治」から、米国が一部を直接支配する「分割」に変化していることが重要です。これは米国が「国際協調主義」から「一国独占主義」へ移行したことを意味します

第二次大戦終結前、日本の占領地をどうするかは、当然、米国やソ連の関心事です。しかし、朝鮮半島に関する限り、米ソの勢力範囲は確定していません。なぜなのでしょう。

それは、ルーズベルトは朝鮮半島を、米・中・ソ連などの信託統治とすることを考えていたからです。

この間の事情を、カミングス著『朝鮮戦争の起源〈1〉』で見てみます。

アメリカの政策担当者たちは、日本が降伏するときまで、朝鮮についてはほとんど発言をしたことはない。（中略）**アメリカが朝鮮それ自体を、独自の存在として重視した例《ため》しはない。**しかしながら、敵国の旧植民地を戦後どのように処分するかに関するアメリカの一般的考慮の中では、朝鮮は大変重要な位置を占めていた。

戦後世界におけるアメリカの役割について、いずれのビジョンに従うべきかの論争が展開されていた。

こういったビジョンの一つは、資本主義の長所を強調する性格のものであって、より具体的には自由貿易、開放社会、世界市場のメカニズム、議会制民主主義、貧者に対する援助、大国主義であるかもしれないが、気前よくアメリカの豊かさを分かち合うということを内容とするものである。

もう一つのビジョンはアメリカの国益追求に力点をおく、より強引な性格のものであって、領土を拡張し、アメリカ経済の支配区域を拡め、アメリカ的生活様式を敵視するものとの対決を辞さないことをその内容とするものである。（中略）ルーズベルトは前者のビジョンを提唱した第一人者であり、アメリカの対朝鮮政策に強力な影響を及ぼした。

（注：国際協調主義の代表は国連の形成を巡る動きです。一九四四年八月から十月にかけてワシントンで、ダンバートン・オークス会議が開催されました。ソ連の代表はアンドレイ・グロムイコである。ここで国連創設の基礎になる提案が採択されます。**一九四五年四月から六月にかけ、サンフランシスコ会議が開催され、国際連合憲章を採択し国際連合設**

立を決定しました。つまり、米国は国際協調主義をリードし、ソ連はこれを受け入れるのをプラスと判断していたのです。冷戦がいつから始まったかの議論はしばしば展開されますが、根本的には、一九四五年四月ルーズベルト大統領が死去し、後任に米国の国益を前面に出すトルーマンが就任してからでしょう）

朝鮮に対する国際協調主義は、二つのことを通じて具体化された。その一つは一九四三年から四六年にいたる間、アメリカが実践に移そうと試みた多国間信託統治案である。（中略）シャーマンの所見によれば、ルーズベルト式の帝国主義は「当該地域の恵まれない住民に発展をもたらす代わりに、彼らには、その代価として管理に服従し、このシステムの安定を保障することが要求される」という。

信託統治案は、これが国際会議で発議された最初の日から難関にぶつかった。一九四三年三月二十四日、ルーズベルト大統領とイギリスのイーデン外相がワシントンで会合した際、**ルーズベルトは戦後信託統治の実施が適当と思われる地域として、朝鮮とインドシナをあげた**（注：この時期英国はまだ植民地を有しています。スエズ運河から東の地域の植民地を放棄する政策がとられるのは一九七〇年になってからです。したがって、信託統治構想は、英国の植民地支配を脅かす考えと受け止められています）。

当時、朝鮮に信託統治を実現させる統治国として予定されたのは、中国、アメリカ、そしてソ連の三国であった。

カイロ会談に参加したアメリカ、イギリス、中国の三国は、一九四三年十二月一日共同声明を発表し、（中略）朝鮮の独立に対する支持を表明した。

「（前略）**やがて（in due course）朝鮮を自由かつ独立の国たらしめる決意を有す**」

（注：「やがて」の意味する所は、「すぐ」ではないということです）

朝鮮人はカイロ宣言のこの誓約を歓迎したが、しかし「in due course」が意味するものについては憂慮せざるをえなかった。

・（ヤルタ会談の二月九日）信託統治の案件が連合国間の討議にかけられるや、ウィンストン・チャーチルは猛烈な攻撃をこれにかけた。（中略）それ以後数週間内に、アメリカはフランスにも屈服した。

（注：この時期、フランスはアフリカ、インドシナに植民地を有しています）

・**一九四五年四月、ルーズベルトの後を継いで大統領に就任したトルーマンは、**（中略）**気質的にいっても、根っからの一国独占主義者《ナショナリスト》であった。**

・一九四五年七月三日、ハリマンはモスクワからトルーマンに電報を打ち、スターリンと中国（注：蒋介石政権）の代表宋子文《そうしぶん》が朝鮮について話し合った内容を、次のように報告している。「スターリンは宋に対し、朝鮮に四カ国信託統治を実施することに同意するという確認を与えた」

・ルーズベルトにしてもスターリンにしても、それぞれの戦略的な見地から朝鮮半島が必要欠くべからざるものと考えた節は見当たらない。（中略）この時点（注：ポツダム会談の時点）においてはまだ、アメリカもソ連も、軍事的な必要から朝鮮を占領すべきかどうか、はっきりした考えはなかったのだ。

・一九四三年の末頃から国務省の政策担当官たちは、朝鮮がソビエトの手中に陥った場合のことを心配し始めた。そして一九四四年の初め頃になると、朝鮮を部分的もしくは全面的軍事占領下に置くという計画を樹て始めた。この計画は主として国務省の領土分科委で樹てられたが、この分科委のメンバーは一九四〇年代の全期間を通じて、アメリカの対朝鮮政策について重要な役割を果たした官僚たちであって、その中には例えばボートン（注：もともとは東洋史学者。戦後の対日政策に関与）、ヴィンセント（注：国務省東アジア部長。一九四五年、蔣介石と中国共産党の融和を目指すマーシャル・ミッションに参加後、〝赤狩り〟の中で批判されます）、ラングドン、そしてベニングホフのような人たちが含まれていた。また後にますます不動のものとしてアメリカの対朝鮮政策を左右することになるいくつかの想定が確立されたのもこの頃である。

分断・アメリカの占領❸
米国はルーズベルトの死去を契機に「国際協調主義」から「米国国益第一主義」に移行し、「冷戦」が次第に世界の潮流になります。明確なのはチャーチルが一九四六年三月に行なった「鉄のカーテン演説」です

チャーチルは一九四六年三月に訪米し、ウェストミンスター大学で行なった演説で、「バルト海のシュチェティンからアドリア海のトリエステまで、ヨーロッパ大陸を横切る鉄のカーテンが下ろされた。中部ヨーロッパ及び東ヨーロッパの歴史ある首都は、すべてその向こうにある」と述べ、これは**「鉄のカーテン演説」**と称されます（注：一九四五年七月五日の総選挙で保守党は労働党に敗北し、この時点でチャーチルは英国の首相ではありません）。

一九四三年三月、トルーマンは議会に対して、「世界の幾多の国民が最近自らの意思に反して全体主義的体制を強制されました。合衆国政府は、ポーランド、ルーマニア、ブルガリアにおいて、ヤルタ協定に違反して行なわれている強制と脅迫に対して、しばしば抗議を行ないました」等を述べ、これは**「トルーマン・ドクトリン」**と称されます。その後、一九四七年六月、ハーバード大学でマーシャル国務長官は、「米国が欧州に対して大規模な復興援助を供与する用意がある」旨を表明します。これは**「マーシャル・プラン」**と呼ばれます。「鉄のカーテン」内部の国

も対象になります。スターリンは、この提言は、「自分の支配圏（東欧圏）をドルの供与で切り崩す意図だ」と反発します。

こうして次第に緊張が高まっていく中、**一九四八年**六月、ソ連が西ベルリンに向かうすべての鉄道と道路を封鎖する**「ベルリン封鎖」**が起こります。軍事的衝突の危険を孕《はら》んでの行動です。そして一九四九年四月、**北大西洋条約機構（NATO）**がつくられます。

朝鮮戦争の起こる直前、一九四八年六月頃からは、米ソの軍事衝突が起こっても何ら不思議がない状況になっています。

分断・アメリカの占領❹
米軍は沖縄から緊急に送られます。
目的はソ連の南進を抑える政治的意図を示すことです

分断・アメリカの占領❶で、米国はソ連に朝鮮半島全域を支配させないことを目的にして、三十八度線以南を米国の支配下にするため、軍を派遣する決定をしたことを見ました。

その軍をどこから持ってくるか。当然、朝鮮半島に最も近いところにいる軍です。

マッカーサーが厚木の基地に到着するのは一九四五年八月三十日午後です。まだ東京周辺には米軍の配置が十分になされていない時です。そうすると沖縄にいる軍隊を使うしかありません。

沖縄での米軍は陸軍第一〇軍の第二四軍団です。

ジョン・リード・ホッジ司令官と第二四軍団は九月五日、二一隻の船で沖縄を出発し、九月八日仁川《インチョン》に到着します。こうして米軍は急遽沖縄から送られます。目的はソ連の南進を抑える政治的意図を示すことです。

第二次世界大戦の終了時、米国は、日本を米軍が直接統治する可能性を持っていたので、そのための人員を用意しています。しかし、結局、日本政府を通じて、間接的に統治する形態をとります。

独立後の南朝鮮には米軍による直接統治が行なわれました。敗北した日本には一応日本政府の存在を許す間接統治がとられましたが、「解放」された朝鮮は米軍の直接統治という扱いを受けます。この軍政はどこかおかしいのです。

九月八日、米軍が仁川に上陸した際、統治のための要員は将校が八七名、兵卒二四七名が同行しています。この統治のための要員は六〇〇名が予定され、九月二十七日までには四五〇名が朝鮮に到着、ないしは出発予定という整い方です。すでに見たように朝鮮半島には「朝鮮人民共和国」の樹立の動きがありましたから、もし軍が派遣されていなかったら、朝鮮半島は全く違った政治情勢をつくっていったでしょう。

分断・アメリカの占領❺
上陸した米軍が目指したもの――
南朝鮮の民主化を目指す要素は全くなく、日本で始まる「逆コース」が米軍上陸後即刻実施された

朝鮮戦争を始めた金日成のスローガンは「朝鮮半島の解放」です。「外国軍」すなわち「米軍からの解放」もその中に入ってきます。

そうすると、米軍が仁川に上陸した時、何を目指したかは極めて重要な問題になります。

前述のブルース・カミングスは『朝鮮戦争の起源〈1〉』で次のように記述しています。

アメリカの国家権力が朝鮮において遭遇したのは朝鮮人の革命勢力であって、ソヴィエトのそれではなかった。そのような情勢の中でインタナショナリスト、つまり国際協調派の人たち（注：朝鮮半島に関しては、米中ソで信託統治を行なおうと主張した人々。ルーズベルトの死亡とともに勢力を失いました）は姿を消し、代わって登場したのは別の考え方に基づいた対朝鮮政策である。つまり一国（注：米国）独占主義派と呼ばれる性格のものであって、これが追求したものは一方的なアクションを通じて朝鮮の中に反共の防波堤を築くことであった。（中略）南朝鮮に単独政権を樹立させ、その分断線をもって封じ込

めと対決の前線を形成し、この**分断国家の中に反共主義こそが存在理由の凡《すべ》てである社会を造り上げることであった。**（中略）

この冷戦物語が特に朝鮮との関係において興味深いのは、そのための諸所の措置が大変早い時期、つまり、日帝敗退後三カ月以内の期間でとられたということだ。

解放の年（一九四五年）の九月から十二月に至るこの三カ月の期間において、アメリカ占領軍は①（日本の朝鮮）総督府の官僚機構を復活させ、その中で勤務していた朝鮮人職員を呼び戻し、②日帝時代の警察機構を復活させて朝鮮人警察官を復職させ、③南朝鮮に局限された国防軍を創設し、④そして南だけの単独政権の樹立に向かって動き出した。

これら一連のアクションは一方的なものであって、北における類似の決定に対しては何も知られないまま、それに先がけてとられたものであり、（中略）朝鮮での占領政策は、少なくとも**「逆コース」**（注：民主主義、自由主義の順守を弱めるという意味での「逆コース」。連合国軍最高司令官総司令部〔ＧＨＱ〕は当初「日本の民主化・非軍事化」を進めていましたが、日本を共産主義の防波堤にしたいアメリカ政府の思惑で、この対日占領政策を転換しました）**がとられる一九四八年までは改革をめざし、時としてラディカルでさえあった（注：極めて民主主義的な憲法体制を樹立）日本での占領政策とは、似ても似つかない全く対照的なものであった。**（中略）

しかも**このような基本的な選択は、アメリカの野望と、独り立ちできない（事大主義的）少数派を除いた朝鮮人の念願が常に対立していた激突の坩堝《るつぼ》の中でなされたものであ**

る。

労働者、農民、学生、そして日帝の動員に駆り出されたあと故郷に戻ってきた様々な人々にとって、建準（建国準備委員会）から人民共和国に至る解放政権は、命を賭して戦うに値するものであったのであり、実際に彼らは、日がたつにつれ激しくなっていった様々な形態の衝突において果敢な闘いを挑んだ。騒擾《そうじょう》がもっとも激しかったのは、特に日帝時代の強い衝撃の下に人口の移動と農地をめぐる紛争が同時的に進行していた地方の道や郡であるが、これらの地域においては、地の利のお陰で、団体を組織し、それを根付かせるだけの時間的余裕が与えられていた（注：戦後、朝鮮南部で激しい人権闘争が繰り広げられましたが、右の指摘が該当するかもしれません）。

私はここまで書いて、今日の日韓関係を理解するヒントがあるように思います。「反日」は単に日本人に対するものだけではなく、韓国政府への不信と一体になったものだということのようです。整理します。

❶一九四五年八月十五日、日本のポツダム宣言受諾とともに、韓国では様々な主張は持ちつつも、民族主義を一致点として「朝鮮人民共和国」をつくった。

❷米国はこれを許さず「米軍軍政」を敷いた。この軍政を円滑に進めるため、日本の朝鮮総督府で勤務していたり、関係のあった人々を使った。

❸その後これらの人々は、李承晩政権等につながる。これら政権は民族主義的であるものの弾圧

も行なう。
❹民族主義的な人の政権に対する反発は反日と一体になる。
❺したがって弾圧的性格を持つ政権が行なった日本との協定は反発の対象になる。

分断・ソ連の占領❶

ソ連が第二次世界大戦末期に満州・朝鮮半島に入ったのは、もともと、ルーズベルト米国大統領の要請だったのです。日本本土上陸作戦を予定する米国は、満州の関東軍や在朝鮮半島の日本軍と戦う余力はないと思われました

ソ連は一九四五年八月八日、対日宣戦を布告し、軍の攻撃は八月九日午前零時をもって開始されています。

冷戦を経ての今日、多くの人は米ソの対立が当初からあったように思っていますが、米ソはドイツ軍を相手にともに戦ったのです。ナチ・ドイツは米軍とソ連軍の挟撃に遭い敗れたのです。一九四五年四月二十六日、ベルリンに突入したのはソ連軍です。

ソ連の参戦の問題は日本の領土問題とも絡んでいますので、一時期調べました。私の『日本の国境問題』（筑摩書房、二〇一一年）から引用します。

米国がソ連参戦を求めた理由

ポツダム宣言で、日本の主権は本州、北海道、九州、四国と連合国側の決定する小島とされ、（中略）昭和二一年（一九四六年）一月の連合軍最高司令部訓令において、「千島列島、歯舞群島、色丹島等を除く」としている。

千島列島がなぜ日本領とされなかったのか。これを理解するには第二次大戦中の米ソ関係を見る必要がある。

日独の敗戦が濃厚になってから、ルーズベルト大統領の最大の関心は「いかに少ない米国の犠牲者の下に日本の無条件降伏を引き出すか」である。この情勢判断はルーズベルト大統領の死後（一九四五年四月）引き継いだトルーマン大統領も同じである。彼は『トルーマン回顧録』に次のように記している。

「我々の軍事専門家は日本本土に侵入すれば、日本軍の大部隊をアジアと中国大陸に釘付けにできた場合でも、少なくとも五〇万人の米国人の死傷を見込まなければならない。従ってソ連の対日参戦は我々にとって非常に重大なことであった」

米国にとってソ連の対日参戦は極めて重要だったのです。ルーズベルト大統領はテヘラン会談（一九四三年十一月〜十二月）でソ連に対日参戦を要請し、ヤルタ会談で「千島列島がソビエト連邦に引き渡されること」の内容を含むヤルタ協定が結ばれました（一九四五年二月）。この事情はグロムイコ元ソ連外務大臣著『グロムイコ回想録』（読売新聞社、一九八九年）に詳しいので、見ていきたいと思います。

（ヤルタで）彼の書斎にいくとスターリンは一人でいた。彼に心配事があることを察知した。スターリンに英語で書かれた書簡が届いたところだった。彼はその書簡を私に渡し、「ルーズベルトからだ。彼との会談が始まる前に、彼が何を言ってきたか知りたい」と言った。私はその場でざっと翻訳した。アメリカはサハリンの半分（注：この時点で北半分はすでにソ連のもの）とクリル列島（注：千島列島）についての領有権を承認すると言ってきたのだ。スターリンは非常に喜んだ。「米側は見返りとして次にソ連の対日参戦を求めてくるぞ」と言った。

すでにテヘラン会議の時にルーズベルトはスターリンに対して対日戦の協力を依頼していた。テヘランでこれらについて原則的な理解に到達していたが、確固たる合意はなかった。この手紙の中でサハリンとクリル列島に対する言及があってはじめて最終合意が結ばれたのだった。

分断・ソ連の占領❷

ソ連は一九四五年八月八日、対日宣戦を布告、満州と朝鮮に攻め入りました

ソ連は、一九四五年八月八日、モロトフ外務大臣から日本の佐藤尚武《さとうなおたけ》駐ソ連大使に対日宣戦布告を伝え、ソ連軍の攻撃は八月九日午前零時をもって開始されました。

ソ連は朝鮮半島では、羅津《らしん》、清津《せいしん》、雄基《ゆうき》を爆撃する間に、地上軍は豆満江《とまんこう》方面から進軍し、八月十三日には一個師団が清津に上陸します。

三十八度線を分割線とすることにソ連が合意したことについては、次の記述があります。

八月十四日、スターリンは、朝鮮半島を三十八度線に沿って二つの占領地域にすることに、議論なく承認を与えた。

彼はソ連陸軍に対し、朝鮮への侵攻においては、米軍は九月初めまで朝鮮半島に到着はせず、ポツダムで結ばれた合意に反するにもかかわらず、三十八度線で止まるように指示した。

ソ連軍は一旦三十八度線北部を占拠するや、その線を封鎖する行動をとった。ソ連軍は三十八度線を越えての郵便の停止、石炭の南部への輸送を止めた。(Kathryn Weathersby

Soviet Aims in Korea and the Origins of the Korean War, 1945-1950: New Evidence from Russian Archives: http://cau.ac.kr/~seronto/SOVIET%20AIMS%20IN%20KOREA%20&%20THE%20ORIGINS%20OF%20THE%20KOREAN%20WAR.pdf)

この時期、朝鮮人も、自己の国家建設に動いています。（『韓国戦争〈第一巻〉』韓国国防軍史研究所編、かや書房、二〇〇〇年）

・平壌において曺晩植が中心となって、国内共産主義者を含めた建国準備委員会平安南《ピョンアンナム》道《ド》支部を結成し、解放以後の政府樹立に備え、各道の中心都市に続々と建国準備委員会が結成された。

・三十八度線北部を占領したソ連軍は、イワン・チスチャコフ大将指揮下の第一極東方面軍の第二五軍であり、五個師団、一個旅団の一二万名を主体として、この他太平洋艦隊の海軍施設部隊やその他の部隊三万名等、総計一五万名によって構成されていた。

・ソ連軍は、軍政を実施するための措置として、まず人民委員会の組織に着手した。

・この機構（各人民委員会の傘下）は、外見上は自主的に運用されているように見えるが、実質的にはソ連軍政当局によって支配されていた。時が経つにつれて、人民委員会組織は民族陣営勢力を次第に排除するようになり、主としてソ連共産主義者によって掌握されていった。このような工作は、**十月十四日、ソ連軍政当局が平壌において群衆大会を**

開き、ソ連軍大尉金日成を北朝鮮住民の前に登場させるに及んで絶頂に達した。金日成は、このときからソ連軍政の忠実な手下となって権力を掌握し始めた。ソ連軍政は、金日成を権力の前面に立たせ、共産党が民族主義者を抹殺する工作を遂行した。

・十二月十七日には、金日成を朝鮮共産党北部朝鮮分局責任秘書に据え、彼を北朝鮮における共産党の第一人者として仕立てた。

分断・ソ連の占領❸
日本の降伏直前のソ連の動きを見てみます

韓国で活動しているフョードル・テリツキーが執筆した、「いかにして金日成は北朝鮮の偉大な指導者になったか（How Kim Il Sung became North Korea's Great Leader）」（NK News, 二〇一八年十一月五日付）を見てみます。（https://www.nknews.org/2018/11/how-kim-il-sung-became-north-koreas-great-leader/）

・今日の北朝鮮の特異な事象の多くは一九四五年八月から九月の間に形成されているが、不幸にしてこの時期は歴史書においてあまり言及されていない。

・**一九四五年八月八日、ソ連が帝国日本に宣戦布告をした時、朝鮮分割の計画はなかった**（注：スターリンはルーズベルト提案の朝鮮半島を米ソ中で信託統治を行なう構想に賛成していました）。

極東でのソ連軍司令官アレクサンドル・ヴァシレフスキー元帥は朝鮮人に対して、日本に蜂起するよう呼びかけ、彼は自由と独立の旗をソウルに掲げられると述べた。赤軍は朝鮮の行政府の中央に進むことを意図した。しかしこの計画は実現しなかった。

マーク・バリーの秀でた論評が示すように、朝鮮を分割する案は二人の大佐（チャールズ・ボーンスティール、ディーン・ラスク）によって作成された。彼らは三十八度線で半島を分割する提言を行ない、上司の承認を得て、案はスターリンに送られ、**ワシントンが驚いたことに、スターリンは反対しなかった。**

スターリンにとって、朝鮮半島は重要な意味合いを持っていないようです。

モスクワ国際関係大学学長トルクノフは著書『朝鮮戦争の謎と真実』で次のように記述しています。

一九四五年に朝鮮が解放された瞬間から四九年末にいたるまで、スターリンは朝鮮半島で武力を行使しようとはしなかった。それればかりか、むしろ反対に、敵こそが平和を脅かし、北側を攻撃するのではないか、という不安をますます強く感じるようになった。ちょうど第二次大戦直前のドイツとの関係と同じように、ソ連の指導者は、ワシントンとソウルを挑発しないように、朝鮮において現状を維持するべく、あらゆる努力をした。

これを裏付けるように、たとえば一九四七年五月十二日、在北朝鮮ソ連代表部のキリル・メレツコフとテレンティ・シトゥイコフ（朝鮮問題に関する米ソ共同委員会のソ連代表、後の在平壌ソ連大使）が送った「南北朝鮮の統一と朝鮮臨時政府の成立までに、ソ連の専門家が北朝鮮に到着しないと、朝鮮臨時政府は、（中略）必然的にアメリカ人専門家を朝鮮に呼び寄せ、我々の国益に反して、朝鮮における米国の影響力が強化されることになる。したがって、ソ連人専門家の北朝鮮派遣を早めるよう、貴下の指示を請う」という緊急の電報に対し、スターリンは「ソ連人専門家五一八名を与える。**われわれは朝鮮問題に深く入り込む必要はない**」と指示しています。

（『朝鮮戦争の謎と真実』）

この記述は重要な意味を持っています。

米国が分割案を持ち出す前には、ソ連は朝鮮半島を独自のものとする意図は持っていないのです。スターリンはルーズベルトとの協調をはるかに重視しています。

朝鮮の混乱、独立を認めず「委任統治」とする動き

私たちは一九四五年八月十五日、遠藤柳作・朝鮮総督府政務総監が呂運亨に建国を要請し、九月六日に朝鮮人民共和国が成立したのを見ました。閣僚名簿を見ますと、一方に李承晩、さらに

李承晩政権で副大統領や大法院長を務めた人間がおり、他方に、後に北朝鮮で最高人民会議議長や金日成総合大学学長を務めた人物がいる。さらに日本に対しテロ攻撃に参画した人物もいれば、財界人もいる、言論人もいるということで、「オール朝鮮」の様相を呈していました。当時としては最善の体制であったと思います。しかし米国の「軍政」はこれを認めませんでした。

ただ、「朝鮮の独立を認めない」流れは、一九四五年以前からの潮流でもあったのです。

こうした閣僚名簿を見ますと、「朝鮮人民共和国」を軸に展開していれば朝鮮半島の歴史はすっかり別のものとなっていたと考えられます。逆にこうした動きを弾圧して成立した米国の「軍政」は、韓国の国民の抵抗に遭遇します。

ルーズベルト大統領の理念とは、各国が各国民の政権を樹立する自由を持つことであったはずです。

一九四一年八月十四日。ルーズベルト米大統領とチャーチル英首相は「大西洋憲章」を発表します。第三条に次の規定があります。

「三、**両国ハ一切ノ国民カ其ノ下ニ生活セントスル政体ヲ選択スルノ権利ヲ尊重ス**。両国ハ主権及自治ヲ強奪セラレタル者ニ主権及自治カ返還セラルルコトヲ希望ス」

しかし、ルーズベルトは朝鮮半島に独立を与えるという形では動きません。代わりにルーズベルトは「信託統治」という提案をします。これを整理すると次のようになります。

（一）一九四三年三月二十四日、ルーズベルト大統領はロバート・アンソニー・イーデン英国外相と会談し、信託統治案を提示し、適当と見られる地域として朝鮮とインドシナをあげた。
（二）米英中の参加国は、一九四三年十二月一日カイロで共同声明を発表し、朝鮮については「三大国は朝鮮人民の奴隷状態に留意し、やがて（in due course）朝鮮を自由かつ独立の国たらしめる決意を有した」と表明した。つまり、朝鮮はすぐには独立が与えられないのです。ルーズベルトは朝鮮の統治の在《あ》り様《よう》を信託統治と考えています。
（三）テヘラン会談（一九四三年十一月〜十二月、米英ソの首脳が集まる）において、ルーズベルトがその後語ったところによると、自分は「朝鮮人もまだ独立政府を運営するだけの能力を身につけておらず、従って四〇年間は後見人の下において訓練する必要がある」とテヘランでスターリンに述べたところ、彼もこれに同意したという。
（四）ヤルタ会談（一九四五年二月八日）非公式会談の席上、朝鮮に対する信託統治は二〇年ないし三〇年は持続すべきだというのがルーズベルトの意見で、スターリンはこれに対する返答は、短ければ短いほどよいというものであったという。
（五）ルーズベルト大統領は一九四五年四月十二日に死去します。後継のトルーマン大統領は根っからの一国独占主義者で、アメリカの政策は急速に一国独占主義の方向に進みます。ただ、朝鮮半島に対する信託統治の問題は、依然連合国の同調を求める政策を継続します。魂抜きの形式追求といっていいでしょう。
（六）ソ連はポツダム会談で、朝鮮に対する信託統治の問題について意見を交わしたいと考えています。ハリマン（四三年から四六年まで駐ソ米国大使）はモスクワからトルーマンに電報を打ち、ここで、スターリンと中国の代表宋子文（蔣介石の外交部長。姉妹に孫文《そんぶん》の妻・宋慶齢《そうけいれい》、孔《こう》祥熙《しょうき》の妻・宋靄齢《そうあいれい》、蔣介石の妻・宋美齢《そうびれい》がいます）が朝鮮について話し合った。この中でスターリンは宋子文に対し、「『朝鮮に四カ国信託統治を実施することに同意すること』に確認を与えた」と報告しています。

ポツダム会談の時、スターリンは信託統治問題についてまず口火を切り、それが最初に実施されるのは朝鮮であるべきだという提案を行ないます。チャーチルの介入で、朝鮮に関する戦後処理の問題は棚上げにされます。

（注：これらの事実関係はカミングス著『朝鮮戦争の起源〈1〉』による）

信託統治案は、ルーズベルトの案です。ルーズベルトが死亡し、トルーマンが新しい大統領になって、ソ連と対峙する分割統治に代わりました。

ソ連は、朝鮮半島を自分の影響下に置きたいとの意思は持っていますが、スターリンはルーズベルトとの協調を重視し、信託統治に賛成していたということだったと思います。

米国――影響を与えうる李承晩を選択、ソ連――影響を与えうる金日成を選択

朝鮮史を紐解けば、中世以降、朝鮮は分断されていません。高麗は九三六年から一三九二年、李朝朝鮮は一三九二年から一九一〇年（一八九七年に国号を「大韓」と改称）まで統一国家とし

て存在しています。日本が統治した時代も、朝鮮半島は一体とした政治体制を維持しています。

朝鮮戦争は、韓国の李承晩、北朝鮮の金日成が各々統一国家を目指したことが背景にありますから、朝鮮戦争を理解するためには、なぜ、朝鮮が「分断国家」になったのか、を論議する必要があります。

南朝鮮に見る
単独政権をつくる動きと、南北統一を求める動き——
統一への動きはあったのです。
それを止めたのは米国と、その傀儡的存在、李承晩です

第二次大戦後、統一国家の可能性があったのです。すでにこれまで言及してきましたように、それを助けたのは、日本の朝鮮総督府です。敗戦後、朝鮮には多くの日本人がいます。その安全を確保するには、空白なく朝鮮人の政権ができることが望ましいので、朝鮮側に働きかけ、「朝鮮人民共和国」が成立しているのです。でも米国の軍政がこの動きを止めました。

整理しますと、統一を図る動きには二つの流れがあります。一つは朝鮮人自らが統一国家をつくる動きです。これは、米国

写真提供：共同通信

金日成◎（きん・にっせい／キム・イルソン、１９１２～94）本名は金成柱（キム・ソンジュ）。朝鮮民主主義人民共和国国家主席。吉林毓文中学在学中に中国共産青年同盟に参加。１９３１年中国共産党入党、抗日独立運動でゲリラ戦指導。41年頃ソ連領に移る。45年10月14日ソ連軍とともに帰国、「抗日の英雄金日成将軍」と紹介される。48年共和国創建し首相（72年以後国家主席）、49年朝鮮労働党中央委員長（66年以後総書記）。

に阻止されましたけれども、「朝鮮人民共和国」という形で一旦は結実します。

もう一つは、ルーズベルト大統領が提唱し、スターリンが賛同した「信託統治」に乗る動きです。ルーズベルトの死去後、米国は「信託統治」から遠ざかりますので、米国に近い人は信託統治に反対で、ソ連に近い人が逆に賛成という妙な図式になります。

こうした動きに反するのは、朝鮮半島を分断し、三十八度線で分割する動きです。これは米国に近い李承晩が推進します。

これらの動きは互いに絡まり合うので、年表を作成してみました（図1）。

合わせて、主たる登場人物を簡単に紹介します。

李承晩◎（り・しょうばん／イ・スンマン、1875〜1965）大韓民国初代〜3代大統領。李朝改革運動に参加。韓国併合後は朝鮮独立運動を指導、1919年上海で設立された大韓民国臨時政府では国務総理、ついで大統領に就任。第二次世界大戦中は米国に住み、45年10月帰国。48年大韓民国初代大統領。反共・反日路線を展開。60年、不正独裁に反対する四月学生革命で下野。ハワイに亡命し客死。

呂運亨……一九四五年八月、建国準備委員会を立ち上げる

金九……一九四〇年から四七年まで大韓民国臨時政府の主席

金奎植……一九一九年四月に大韓民国臨時政府の外務総長。プリンストン大学修士、右派

元世勲《げんせいくん》……韓民党総務、右派

許憲……明治大学卒、朝鮮共産党の創党に参加、一九四八年金日成総合大学学長

韓国の中で南北統一に動いた中心人物、呂運亨、金九は暗殺されています

南北統一で、最も積極的に動いたのは、呂運亨でした。一九四五年八月十五日、日本の総督府の助言を受け入れて、建国準備委員会を発足させ、九月六日に「朝鮮人民共和国」を発足させました。当然、国の在り様《ありよう》に関して、左右両方の意見は異なります。しかし重要なことは、呂運亨はその調和を模索する努力をしていることです。

一九四六年十月七日に「左右合作七原則」が合意されます。この中には「朝鮮の独立を保障するモスクワ三国外相の決定により南北を通じた左右合作で、民主主義的な臨時政府を樹立すること」などが入ります。

しかし、呂運亨は四七年七月十九日暗殺されます。注目すべきことは、この暗殺の直前、五月二十一日、第二次米ソ共同委員会で信託統治案が棚上げされ、米国は、中道派中心の南北統一政府樹立案から李承晩の南朝鮮単独政府樹立へ舵を切り替えていることです。呂運亨は米国にとって「使えるかもしれない人物」から「邪魔な人物」になります。

呂運亨亡き後、金九が統一の動きを続けます。金九は一九四〇年から四七年まで大韓民国臨時政府の主席でした。彼もまた、朝鮮戦争の起こる前、一九四九年六月二十六日に暗殺されます。

私は『戦後史の正体』(創元社、二〇一二年)で、「自主」を唱える政治家の失脚を書きましたが、韓国では「暗殺」まで行きますから、いかに韓国情勢が厳しいかを示しています。

図１　韓国に見る統一国家、分離国家をめぐる動き

日	韓国単独政権をつくる動き	南北統一（信託統治も含む）を目指す動き
1945/8/10		日本の総督府、行政権移譲を呂運亨らに提起
8/15		呂ら、建国準備委員会発足
8/16	米国先遣隊行政権移譲に反対	
9/6	米軍ソウルに進駐	朝鮮人民共和国発足（民族主義）
9/7	米軍政宣布	米国は朝鮮人民共和国を拒否
10/16	李承晩米国から帰国	
11/23		臨時政府首席、金九帰国
1946/2/8	大韓独立促成国民会（総裁李承晩 副総裁金九・金奎植）	
5/6		第一次米ソ共同委員会決裂（信託統治協議）
6/3	李承晩、井邑《チョンウプ》発言（南の単独政権樹立）	
6/14		左右合作四者協議（右：金奎植、元世勲 左：呂運亨、許憲）
10/7		左右合作７原則をまとめる
1947/5/21	米国中道派中心の南北統一政府樹立案から李承晩の南朝鮮単独政府樹立へ	第二次米ソ共同委員会、信託統治棚上げ
7/19		統一推進者呂運亨暗殺される（李承晩派？）
1948/1/8	総選挙論議に国連委員団入国（金九・金奎植・李承晩、国連と協議）	
2/6		金九、南北協商方案発表
2/26	南、可能な地域だけでも選挙を決定	
3/25	米軍政、金九らの北朝鮮行き反対	金九、南北会談提唱
4/19		平壌で統一協議（南北連席会議） 四金会談（金九・金奎植・金日成・金科奉《きんとほう》）
5/10	南選挙　ソ連、国連の北入りを拒否	金九、北と対立
7/17	憲法制定（南）	
8/15	南、政府樹立（大韓民国）	
8/25	北最高人民代議員選挙	
9/9	朝鮮民主主義人民共和国樹立	

（姜萬吉『韓国現代史』〔高麗書林、1985〕を参照して作成）

少し脱線します。呂運亭は日本の政治に影響を与えています。原敬内閣《はらたかし》は一九一九年、呂運亭を日本に招待します。東京で吉野作造《よしのさくぞう》ら知識人と懇談して朝鮮独立を主張し、吉野が『中央公論』誌で「稀にみる尊敬すべき人格」と絶賛したということがあったようです。原敬は呂運亭を赤坂離宮に訪れさせ、これが貴族院で大問題になっています。

背景を見てみますと、第一次世界大戦末期の一九一八年、米国大統領ウッドロー・ウィルソンが「十四カ条の平和原則」を発表し、これを受け世界各地で民族自決の意識が高まります。一九一九年三月一日に独立を目指す「三・一独立運動」が起こり、呂運亭はこれに関与し、日本では「犯罪人」と位置づけられます。そういう人物を「皇室関連の赤坂離宮を訪れさせたのは何事か」として貴族院で紛糾します（一九二〇年二月一日前後）。

その際、原敬は「元来呂運亭は犯罪者に非《あら》ず、従って彼を誘致し意思の疎通を図りしは、決して徒労にあらずと信ず。且《か》つ彼を操縦し置くは、将来朝鮮統治の上に於《お》て必ずや相当の効果あるべく」と述べています。（『江木千之翁経歴談《えぎかずゆき》〈下〉』江木千之翁経歴談刊行会、一九三三年）

原敬は一九二一年十一月四日、東京駅にて暗殺されます。

李承晩の下での「朝鮮戦争」への道

「朝鮮戦争」においては、金日成も李承晩も「相手に攻め入り、統一を果たす」意図を公然と述べています。これが戦争への導火線になったことは間違いありません。李承晩がどのようにして

「北進統一」を主張していたかを、白井京《しらいきょう》著「李承晩と朝鮮戦争――北進統一論を中心に」（赤木《あかぎ》完爾《かんじ》編著『朝鮮戦争』慶応義塾大学出版会、二〇〇三年、所収）で見てみたいと思います。

• 一九四八年八月十五日の国家樹立後、李承晩は、南北統一の方法として何度も北進について言及した。

• 単独政権論とは、分断された南朝鮮において「いったん過渡政府を樹立した後に、南北朝鮮を統一する」という主張である。

• 四六年五月六日の第一次米ソ共同委員会の決裂は、それまでのアメリカの朝鮮政策を変化させた。それまでの政策、すなわち「李承晩や金九を中心として南朝鮮の政治勢力を統合する」という方向から、「ソ連との合意を容易《たやす》くするために中道派との提携を試みる」ようになったのである。米国国務省は四六年六月、米軍政に新しい内容の対朝鮮政策を送り、「アメリカの目標達成に不必要で、ソ連との合意に困難を及ぼす人物（李承晩）を、韓国の代表機関から除去するよう」示唆している。

• 単独政権樹立構想は、当時のアメリカの政策に対して反旗を翻すものであった。そのため、ホッジ（一九四五年から四八年まで、南部に設置された米軍政庁で軍政長官）と李承晩の仲は険悪になった。

• 四七年八月の第二次米ソ共同委員会の決裂は、アメリカに朝鮮戦争以前の時期における最大の政策的転換をもたらした。これ以降、アメリカはソ連との共同行動と朝鮮の統一を事実上断念し、独自の政策を形成する努力を開始したのである。この方向は李承晩の主張する単独政府樹立論と合致することになる（後略）。

- 李承晩にとっての単独政府樹立は、「先独立、後統一」という彼の国家独立のための方法論の一環だった。総選挙は、南北会談に出席した金九や、左派・中道派の諸政党、団体が不参加のまま、四八年五月十日に実施された。
- **北進統一に関する李承晩の発言が見られるのは、一九四九年の初めからである。**
- 彼が自らの北進意思について明確に述べ始めた背景には、国連による大韓民国の正式な承認があった。国連総会は四八年十二月十二日、大韓民国が朝鮮半島における唯一の合法政府であると宣言した。
- もう一つ、この時期の北進発言の背景には、北朝鮮からのソ連軍の撤退があるだろう。四八年九月、ソ連は北朝鮮駐留軍を四九年一月までには完全に撤退すると発表し、四八年十二月末には撤退が完了したと発表した。
- **四九年五月から六月の南北の衝突はＧ２（連合国軍最高司令官総司令部参謀第２部）の報告によれば韓国側が仕掛けたものとされているが、**三十八度線上での紛争は韓国側の努力とのみ理解されるべきではない。
- 一九四九年後半から、李承晩は北朝鮮に対していっそう強硬な態度を示し、北進統一に関する発言も回数を増した。特に四九年の秋、李承晩の北進統一に関する主張は最高潮となる。

・十月七日には、UP通信副社長のジェサップ・ジョーンズとの記者会見を通じて「三日あれば平壌占領は可能である」と自信に満ち溢れる発言をしている。
・北進統一は、李承晩一人によって主張されたものではない。特に軍首脳には、北進に対する積極的な姿勢が見られた。
・李承晩の北進統一発言に共通して見られるのは、自らが決断すれば北朝鮮人民がこれに同調し傀儡政権を打倒するという主張である。これは金日成が南進すれば南朝鮮において蜂起が起こり、人民が自らの側につくと考えていたのと対照を成している。

北朝鮮（金日成）とソ連（スターリン）の関係❶
朝鮮戦争を見る際、北朝鮮の指導者金日成とソ連の関係がどのようなものであったかは極めて重要です

アンドレイ・ランコフ氏は「レニングラード（現サンクトペテルブルク）生まれ。レニングラード国立大学で学び、一九八九年に博士号取得。その間、金日成総合大学に留学。一九九六年からオーストラリア国立大学で、二〇〇四年からはソウルにある国民大学校で教鞭をとる」という人物です。彼は『スターリンから金日成へ』（法政大学出版局、二〇一一年）を出版しています。ソ連の関与を詳細に記しているので紹介します。

・（一九四五年八月）十一日には、ソ連軍第二五軍が中国と朝鮮との間の国境を越えた。

- 一九四七年初めまでは、朝鮮問題は基本的にはもっぱら、軍によって扱われており、（中略）多くの決定は現地でなされており、（後略）。
- **モスクワは少なくとも当初は、アメリカとの究極的妥協の可能性を排除はしなかった。**一九四六年三月になっても、ソ連軍の専門家は将来の全朝鮮政府の構想提案を起案していた（注：ルーズベルトの信託統治に対し、前向きに対応しようとしていたスターリンの態度と一致します）。

　ちなみにここでは、金日成には相対的には控えめな国防相の椅子が想定されていたにすぎなかった。

- 現地（朝鮮）の共産主義的運動は大変弱かった。
- ソ連軍当局は当初は曺晩植（注：八月十五日の解放と同時に、平壌において平安《ピョンアン》道《ド》治安維持会を結成し委員長に就任）を味方につけようと努力した。
- ソ連当局はしかし、まもなく地方の民族主義者との同盟が極度に不安定であると感じるようになった。曺晩植は彼の地位を利用して独自の政策を展開しだしたが、それはソ連の監督者の計画と矛盾をきたした。この状況下でソ連軍当局は、新しい政治的連合と人物を探し始めた。
- 金日成は一九四五年九月末に平壌に戻ったが、これは全くタイミングよく到着したといえるであろう。
- 金日成の将来の昇進を示すものは、第二五軍第七課長グレゴリー・K・メクレル少佐がお膳立てした曺晩植との会見であり、一九四五年九月三十日、高級料亭花房で行なわれた。

・十月十四日、将来の北朝鮮指導者は大衆の前で初めて語った。この最初のデヴューのために選ばれたのはソ連軍の歓迎集会であった。（中略）金の演説もソ連軍第二五軍の政治部によって書かれた。

・こうして金日成は北朝鮮を支配する三名の政治家（注：曺晩植、金日成、金鎔範――一九三〇年代コミンテルンによって朝鮮での地下活動のために送られた人物）のひとりとなったが、その場合、金日成は「同輩者中の第一人者」ですらなかった。

・北側での新しい体制をつくりあげる過程は容易ではなく、最初の週から若干の抵抗に遭遇した。（中略）平壌では、民族派と、ソ連に支援された共産主義者とは対立の構図をいっそう深めていた。

・一九五〇年十月（注：朝鮮戦争時）平壌があわてて待避する期間中に、曺を含むすべての政治犯は「スターリン式のよきやり方」で、射殺され、名もなき墓に葬られた。こうして一九四五年に最も人気のあった平壌の政治家で、北朝鮮で最も最高権力にふさわしい候補であった人物は亡くなった（注：世界の歴史を見ると、戦争中、国内の政敵・競争者を抹殺し、独裁的体制が確立されるケースがしばしば生じます）。

・追放された民族右派は新しい状況を受け入れなかった。彼らはソ連体制と新体制への抵抗を組織しようとした。

・北側での抵抗の相対的な弱さは、南と比較すると明白になる。南では一九四六年末には、左派に率いられた反対派が、アメリカに庇護《ひご》された体制に内戦をもって挑んだのである。これら南部でのストや反政府集会には、何百万とはいわないが、何十万もの人々が参加し、何千人もの人々が共産ゲリラに参加するために山に向かった。これらの動きに北側はますます訓練と武装、支援を与えた。北側ではほとんどこのようなことすら起きなかった。（中略）新義州での暴動ですら、三十八度線の南での同時期の共産党による集会や暴動と比較すると規模は小さかった。

これらの平静さを、北朝鮮での抑圧機構の無慈悲なまでの効率性のせいに求めるとしたら、それは単純化のしすぎだろう。

・おそらく、（解放直後）北朝鮮の体制の人気は、少なくともある程度までは本当であったのだろう。多くの同時代人には、南部の競争相手よりも北の政府はより効率よく、そして腐敗していなかった（注：李承晩政権の腐敗は米国も十分に認識していた）。

・一九四六年七月二十二日、朝鮮民主主義民族統一戦線がつくられた。（中略）こうしてすべての政党は、共産主義者の厳格な指導下、つまりはソ連当局の統制下に服することになった。

北朝鮮（金日成）とソ連（スターリン）の関係❷
トルクノフ・モスクワ国際関係大学学長の論によれば、当初は金日成ではなくて曺晩植を予定。しかし、曺晩植は民族主義的です

冷戦時代、ソ連や北朝鮮の首脳が何を考えているか、共産圏諸国内でどのような対話・交渉がなされてきたかは、ほとんど表に出てきませんでした。

ここから朝鮮戦争も、北朝鮮がスターリンに操られて始めたのか、むしろ金日成が主導的立場をとり、当初慎重であったスターリンが北朝鮮の攻勢を承認したのか、根拠となるものがありませんでした。

モスクワ国際関係大学は卒業生にセルゲイ・ラブロフ、アレクサンドル・A・ベススメルトヌイフ、アンドレイ・コズイレフらの外務大臣を輩出しているロシア外務省付属大学であり、国際関係および外交専門家などの養成のための高等教育機関です。この学長がトルクノフです。彼の著書『現代朝鮮の興亡』（共著、明石書店、二〇一三年）で金日成が政権を掌握するまでの過程を記述しています。

（1）ソ連の選択――当初は朝鮮日報社長・曺晩植を予定。曺は独自色強くソ連が拒否。次いでコミンテルンが非合法活動に派遣した金鎔範。これも拒否。そこで金日成を選択

一九四五年九月末、ウラジオストクから元山《ウォンサン》に汽船「プガチョフ」号で金日成が到着した。彼は平壌市の衛《えい》戍《じゅ》本部補佐官に任命された。（中略）

ソ連当局は北朝鮮指導者として当初は曺晩植にかけていた。（中略）ソ連当局は曺晩植を自らの側に引き入れようと思っていたが、しかし、彼は拒否した。曺晩植は反共産主義的な気分にあり、勃興しつつあった北朝鮮エリートの左派的潮流と協力することは準備がなかった。（中略）

一九四五年十月十日、平壌で朝鮮共産党組織局が、北部の支局として創設される。北朝鮮局を指導したのは、一九三〇年代にコミンテルンが非合法活動のために派遣した金鎔範《キムヨンボム》だった。

曺晩植◎（そう・ばんしょく／チョ・マンシク、1883～1950？）朝鮮の独立運動家。「朝鮮のガンジー」と呼ばれる。日本の明治大学卒業。キリスト教青年会総務、朝鮮日報社長歴任。1945年8月15日の解放と同時に、平壌で平安道治安維持会結成。9月朝鮮人民共和国参画。10月五道臨時人民委員会組織。11月朝鮮民主党結成。12月北朝鮮五道行政局委員長就任。米英ソによる朝鮮半島信託統治案でソ連側に信託統治案反対を表明し、46年1月から軟禁。50年10月に処刑されたとされる。

(2) スターリンが金日成を選択

現代朝鮮学では金日成とは何者か、いかにして三十三歳の赤軍大尉が北朝鮮指導者になったかという論争があるが、多くの学者が、ヨシフ・スターリンが金日成の「洗礼者」であることで一致している。朝鮮学者の間では、目撃者からの話に基づいて、スターリンに候補者の可能なリストを見せた時、赤鉛筆で金日成の上にチェックをつけたということである。

(3) 金日成は、北朝鮮の多くの人の思っていたパルチザンの伝説的指導者「金日成」と異なった

植民地時代の朝鮮では、金日成は、人気あるパルチザン運動の指導者として著名であった。一九四五年十月十四日、金日成がチスチャコフ将軍によって(中略)紹介された時、集会に集まった人の間で「驚きのうなり」が走った。というのも人々は金日成とは若い人ではなく、白髪の指導者と思われていたのである。

(4) スターリンの選択用に出された名簿

一九四五年八月にスターリンは、北朝鮮の将来の指導者として可能な候補を選ぶよう指示を出した。それは迅速になされねばならなかった。曺晩植のようなブルジョワを北朝鮮の指導者にすることは、上述のように、うまくいかなかった。

曺晩植はかなり民族主義的な見解の持ち主であって、それは解放後の北朝鮮の政治のすべてに現われた左派的見解の代表と共に働くことは好まなかった。さらには、彼はソ連軍部の指示を遂行することにあまり乗り気がなかった。

スターリンには、北朝鮮の指導者として五つの集団からの名簿が出された。

第一のグループには一九二〇~三〇年代にコミンテルンから地下の共産主義集団作りのために人々派遣された人が入った。彼らはすべてソ連の学術機関を終えていた。そのなかには、先に述べた金鎔範や朴正愛《パクジョンエ》(モスクワ労農大学卒業。女工時代から朝鮮革命運動に参加、投獄数回。戦後平壌で出獄。一九四五年民主女性同盟委員長、以後、朝鮮労働党中

央委員会常務委員、最高人民会議常任委員）がいた。

第二の集団としては、（中国）延安《えんあん》派からやってきた者が入った。そこには戦争中、毛沢東を中心とする中国共産党指導部があり、そこで特別の訓練を受けたのである。最も有名な代表は金科奉《キムトボン》（初代最高人民会議常任委員長。一九五八年に粛清されたと推定される）。

第三の集団には、地元の民族が入った。最も著名な指導者は曺晩植であった。

第四の集団には、朝鮮民族籍のソ連人であって、労働党政治局員で、副代表でもあったアレクセイ・イワノヴィチ・ヘガイ（朝鮮名は許哥而《ホガイ》、許哥誼とも）がいた。

第五の集団は、パルチザン指導者で、金日成、崔庸健《チェヨンゴン》（初代の朝鮮人民軍総司令）等であった。（中略）

金日成の登用に際しては彼の若さが大きく影響した。ソ連の指導者は、金日成の上述の資質からして、モスクワが彼を操作し、ソ連邦が必要な政治路線を遂行しうる、と考えた。最初の頃はそうであった。しかしその後は、自己流に回り出した。

（5）一九四七年頃、北朝鮮はまだ金日成の独裁ではない。四派が存在。激しい権力闘争

一九四七年末に労働党の指導者内には四派（国内派、延安派、ソ連派、パルチザン〔満州〕派）ができ、（中略）北朝鮮の統治党内に四派があったということは、結局のところ激しい党内闘争を導き、国内派、延安派、ソ連派の壊滅と、金日成率いるパルチザン派の勝利に至った（注：当時はソ連軍の支配下にあり、スターリンの支持のある金日成が生き残るのは当然)。

朝鮮戦争開始直前、一九四九年のスターリンと駐北朝鮮大使との交信が明らかになりました。ここでは、スターリンは決して戦争をそそのかしておらず、逆に金日成の戦争への積極姿勢に水を向けかねない駐北朝鮮大使を厳しく叱責しています

トルクノフは二〇〇〇年『朝鮮戦争の謎と真実』(邦訳は二〇〇一年)を出版しました。これはソ連最高機密文書を基にして書かれたものです。「朝鮮戦争」の理解に貢献すると見られるものを抽出します。

(1)《スターリン→シトゥイコフ(在北朝鮮ソ連大使)、(四九年四月十七日の至急電)》

「情報によれば、南朝鮮軍に自由に行動させるため、五月に米軍は、南朝鮮から日本の近隣の島へ撤退する模様である。(中略)これらの情報に対してしかるべき対応策を検討し、我々に連絡願いたい」

(2)《シトゥイコフ→スターリン(四月二十日の報告)》

「朝鮮人民軍の戦闘準備が本質的に不足していることを、以下報告する」

（3）《アレクサンドル・ワシレフスキー（ソ連極東軍総司令官）とシトゥイコフ→スターリン（四月二十日の報告）》

「わが軍部隊の北朝鮮からの撤退後、『南側』の三十八度地域の秩序を乱す行為は、挑発的で、常習的な性格を帯びてきた」

（4）《シトゥイコフ→スターリン（五月二日の報告）》

「貴下からの電報で指示されたとおり、米軍の撤退準備と南朝鮮軍の北朝鮮侵攻準備に関して、私が検討し、まとめた結果をお伝えする。（中略）南朝鮮政府は、大規模な軍部隊を、三十八度線に隣接した地域に集中させている」

（5）《金日成→シトゥイコフ（六月五日の会談における発言）》

「もしも今、朝鮮半島全域で自由な条件の下、総選挙が実施された場合、左派および社会主義組織が勝利するだろう。左派および社会主義組織は、北側では八〇％の支持を、そして南側においては六五～七〇％の支持を獲得する。だからこそ南朝鮮と米国は軍事的な問題解決に執着するのである」

（6）《シトゥイコフ→スターリン（六月二十二日の至急電報）》

「平壌方面に集結している（北朝鮮の）軍部隊は十分ではなく、そのため、南側からの軍事行動が始まった場合には、南朝鮮軍はこの方面に効果的な打撃を加えるだろう。（中略）（三十八度線の警備を担う）これらの旅団部隊は、前線に沿って延びているので、南側からの侵攻があった場合には、断固たる抵抗を行えない」

（7）《スターリン→シトゥイコフ（八月三日の指示）》

「（諜報機関からの情報によると）『南朝鮮政府内の極めて影響力のある人物が、北朝鮮への侵攻を主張している』。（この情報を踏まえて）**潜在的な敵を挑発しないように、**そして軍事行動が始まった場合、ソ連が一線を画すために、モスクワは、自らの海軍基地と在北朝鮮空軍代表部を閉鎖することに決めた。クレムリンの文書の中で、この点に関してはこう述べられている。われわれの平和志向を宣伝し、敵を心理的に武装解除させ、**南の侵攻に対し起こりうる戦争に我々が引きずり込まれないようにするために、われわれの軍事施設を撤去するのが政策的に正しいだろうと**」

（8）《スターリン→シトゥイコフ（十月三十日の電報）》

「**貴殿が、「中央」の許可なしに、北朝鮮政府に南側に対する活発な行動を勧めるようなことは禁止されていたはずである。**さらに、必要な場合に、三十八度線付近で計画されたすべての行動と発生した出来事に関して手回しよく報告を『中央』へ提出することが指示されているはずだ。

貴殿はこれらの指示を遂行していない。

貴殿は、第三警備旅団の大規模な攻撃準備について報告せず、こうした行動にわれわれの軍事顧問が参加することを実際に許した。（中略）

貴殿の行動が間違っていること、および上級機関の指令を遂行しなかったことに対して戒告し、貴殿に指令の厳密な執行を要求する」

（1）から（8）まで、スターリンと駐北朝鮮ソ連大使シトゥイコフの交信を見てきました。スターリンが朝鮮半島で米国と戦うことになるのを警戒していることが極めて鮮明です。

この当時、金日成がソ連側に述べている内容（具体的には金日成がシトゥイコフに述べた内容）を、大使は本国に連絡しています。

《シトゥイコフ→モスクワ（金日成の発言を伝達）》

「現在、明らかなのは、平和的な再統一に関して（中略）ソウルは提案を拒否しているということである。したがって北側には、南側への進攻準備を開始する以外の選択はないのである。南進は、疑いもなく、南側における李承晩体制に反対する大規模蜂起を喚起するだろう。

もしわれわれが進攻を開始しなければ、朝鮮人民はこれを理解できない。われわれは朝鮮人民の信頼と支持を失うばかりか、祖国を統一する歴史的チャンスまで逃してしまう」

これに対してシトゥイコフ大使が北朝鮮側に伝えた内容は、彼がモスクワに送った報告に記されています。

《シトゥイコフ→モスクワ（北朝鮮に伝えた内容の報告）》

「同志スターリンは、一九四九年三月十一日のモスクワ会談で、自らの立場についてこう述べた。その要点は、北朝鮮は仮想敵に対して、明確に優勢な状況にはいたっていない、ということである。この他にも、ソ連と米国の間には、三十八度線についての合意事項が存在している。攻撃が正当性を持ちうるとしたら、南側が最初に北側に対して攻撃した場合だけである」

一九四九年三月時点、ソ連は北朝鮮の攻撃に否定的です。これは多くの人々の考えているイメージと異なります。

一九五〇年四月、スターリン・金日成会談

金日成は、一九五〇年朝鮮戦争直前の三月三十日から四月二十五日までモスクワに滞在し、スターリンと三回会見します。しかし、『朝鮮戦争の謎と真実』の著者トルクノフは、この会談記録をソ連の公文書館で見つけられません。トルクノフは一将軍の個人コレクションにあった資料の写し、会談に参加していた人々へのインタビューを基に、内容を次のように記しています。

・スターリンは（中略）朝鮮統一のために、より一層の積極的行動を取ることが可能となった、と来訪者に語った。（中略）

緊急事態が起こった場合、中華人民共和国は軍隊によって支援する。

- 一方でスターリンは、ワシントンが戦いに介入することはないと絶対的に確信できなくてはいけない、と指摘した。さらに重要な条件は、朝鮮における解放闘争への北京の支持である。
- 戦争は電撃戦でなければならず、敵に北側へ入る機会を与えてはならない。
- **スターリンは、金日成に、ソ連の直接参加をあてにすべきでないと警告した。**

北朝鮮が判断している戦力比較

一九四九年九月十一日、スターリンは駐北朝鮮大使に、金日成と会って彼が現在の南北朝鮮軍をどのように理解しているかを問うように指示しました。大使は九月十二、十三日、金日成と会い、それをもとにスターリンへ報告しています。その報告を整理したものは次の通りです。

	【南朝鮮】	【北朝鮮】
陸軍等	七個師団（その他いくつか）	
兵員数（人）	八万から八万五〇〇〇	総数九万七五〇〇
戦車（両）	不明（パレードに六台）	五九
装甲車（両）	三〇	

砲　三七ミリ砲	四七	（砲は、南に対し優位）
一〇五ミリ砲	九三	
六〇ミリ追撃砲	三八	
八〇ミリ追撃砲	四三三	
五七ミリ対戦車砲	一一三	
ロケット砲	二六五三	
航空機（機）	三六（使用可能は、L-4型一〇、輸送機三）	七五
艦隊（隻）	四〇	
同人員（人）	六二〇〇	
その他	米国軍事顧問団など人員五〇〇（スパイ情報では一五〇〇）**日本人、中国人（台湾）派遣可能**	（南朝鮮内パルチザン一五〇〇―二〇〇〇）

こうした韓国軍・北朝鮮軍の状況についての北朝鮮の判断の中で、「あれっ」と思われたことがありませんか。

それは、北朝鮮が、南朝鮮側について、「日本人派遣可能」と見なしている点です。この時点では「警察予備隊」はまだ成立していません。どうして「日本人派遣可能」という判断が出ていたのでしょうか。

また、朝鮮戦争では戦車が重要な役割を果たします。北朝鮮の軍はとても戦車を操れる状態にはなり得ず、朝鮮戦争には、ソ連兵が戦車を操ることで参戦したと主張する人がいます。この点では、シトゥイコフは、金日成はスターリンに対し、次の決定を行なったと報告しています。❶機械化旅団の編成は、各三三両の戦車を保有する二個戦車連隊を四九年五月までに完了させる、❷戦車三三両を有する独立部隊を元山に配備する、❸戦車搭乗員訓練用に、独立部隊として戦車訓練連隊を確保する。

開戦に向けて北朝鮮との協議

《シトゥイコフ→スターリン（五月二十七日の報告）》
「金日成は私に侵攻準備の経緯を報告した。（中略）
金日成は追加編成された師団を視察し、六月末までに軍事行動の準備が整うとの結論に達した。
金日成の指示に従って、朝鮮人民軍総参謀部は、ワシリエフ将軍が参加して全般的な作戦計画を作成した。（中略）
金日成は六月末に進攻を開始することを望んでいる」

直前の緊張――米軍撤退が朝鮮戦争の引き金になっていないでしょうか

一九四九年六月二十九日、最後のアメリカの戦闘部隊（一五〇〇人程度）が仁川港から出発し、駐韓米軍は正式に解隊します。後は、総勢五〇〇名の駐韓米軍事顧問団と、金浦《キムポ》空港を運営する米空軍要員一五〇名だけが残ります。（カミングス著『朝鮮戦争の起源〈2下〉』）

微妙な時期に、なぜ、米軍が撤退したか。いくつか指摘されている理由を見てみます。

❶ソ連軍がすでに朝鮮半島から撤退している。

❷そもそも米国にとって朝鮮半島は重要ではない。逆にこの防衛拠点は戦略的敵国である中国、ソ連に隣接し、守るのが困難である。

❸その当時の韓国は疫病が発生し、米軍の駐留に適さない。

❹李承晩はしきりに北進を主張しており、彼の行動で戦争に巻き込まれる（現実に、米軍の撤退を阻止するため、李承晩は三十八度線沿いの地点で衝突を起こすよう軍の司令官に命令しています）。

ただ、軍事顧問団を留め置いたのは、米国が韓国を守る意思表示であったと見なす人もいます。中華民国は米国に台湾への軍事顧問団の派遣を要請していますが、米国は台湾に対しては断っています（朝鮮戦争前、中国が台湾に攻め入り蔣介石を追放しても、米軍は出ないのではないかと見られていました）。

この当時の南北朝鮮の軍事バランスを、責任者の一人、シーボルトがどのように認識していたかを見てみます

ウィリアム・ジョセフ・シーボルトは、一九四七年から五二年まではジョージ・アチソンの後を継いで駐日政治顧問および連合国軍最高司令官総司令部外交局長を務めました。国務省の代表で、駐日大使といってもいい人物です。戦後史を見る場合、彼の役割はもう少し研究がなされていいと思います。私の『戦後史の正体』を引用します。

一九七九年、進藤栄一《しんどうえいいち》・筑波大学助教授（当時）が、米国の公文書館から驚くべき文書を発掘し、雑誌『世界』四月号（岩波書店）に「分割された領土」という論文を発表しました。米国側に保管されていたその文書とは、終戦後、昭和天皇の側近となった元外交官の寺崎英成《てらさきひでなり》が、ＧＨＱ側に接触して伝えた沖縄に関する極秘メッセージです。まず読んでみてください。

「マッカーサー元帥のための覚書（一九四七年九月二〇日）

（マッカーサー司令部政治顧問シーボルト）

天皇の顧問、寺崎英成氏が、沖縄の将来に関する天皇の考えを私に伝える目的で、時日

をあらかじめ約束したうえで訪ねてきた。寺崎氏は、米国が沖縄その他の琉球諸島の軍事占領を継続するよう天皇が希望していると、言明した。（略）
さらに天皇は、沖縄（および必要とされる他の諸島）に対する米国の軍事占領は、日本に主権を残したままでの長期租借《そしゃく》――二五年ないし五〇年、あるいはそれ以上――の擬制《ぎせい》（フィクション）にもとづいてなされるべきだと考えている」

「えーっ」と驚かれたかもしれません。私もはじめてこの文書を読んだときは本当に驚きました。ここで昭和天皇はGHQ側に対して、「沖縄を半永久的に軍事占領していてほしい」と伝えているのです。そしてさらに驚くべきことに、沖縄の現実はいまでも基本的にこの昭和天皇の要望通りになっているのです。昭和天皇は戦後の日米関係を構築するうえで、ここまで深く直接かかわっていました。

さて、このシーボルトが著書『日本占領外交の回想』の中で当時の朝鮮の軍事バランスを、次のように記述しています。

モスクワは、一九四八年までに、三個師団の北朝鮮人民軍を訓練していた。それは一九五〇年の春までに十個師団に増強され、その他に歩兵数個連隊、機甲旅団および空軍、海軍の小部隊があった。

一九五〇年までに、韓国陸軍は、総計八個師団、十万人を数えるだけだった。
李（承晩）は、常に好戦的な態度を見せていたので、米国顧問団は、この軍隊に戦車、重砲、軍用機などを与えるのを拒否していた。正規の攻撃兵器を与えれば、李は直ちに三十八度線を突破して北進する恐れが十分にあったのだ。

韓国の軍隊は、大部隊作戦の訓練をしてなかったし、また**対戦車防衛訓練もやっていなかった。**

北朝鮮が三十八度線を越えてあっというまに釜山にまで到達した理由の一つが、戦車部隊の活用ですが、韓国軍はそれに対応する能力が与えられていませんでした。

朝鮮戦争に関する著書ではほとんど言及がありませんが、一九四九年に、ほぼ同じ形で、韓国が北朝鮮に侵入する戦闘が起こっています。

そうだとすると、「朝鮮戦争」の見方がすっかり変わります

私たちの朝鮮戦争の認識は、「一九五〇年六月二十五日、金日成率いる北朝鮮軍が三十八度線を越えて韓国に軍事攻撃」というものです。

もし、韓国がその一年前、同じように北朝鮮に武力攻撃を行なっていたとしたら、どうなるでしょうか。

「突然に」という認識は変わります。

そして、「南北朝鮮双方に統一したいという強い要望があった。各々三十八度線近辺で軍事行動を行なっていた。つまり、朝鮮戦争は内乱的要素が極めて強いもの」ということになります。

この事実はほとんど言及されていません。「突然攻撃」ではないのです。

ブルース・カミングス著『朝鮮戦争の起源〈2下〉』を見てみたいと思います。

•一九五〇年六月に雷鳴のように始まった戦争は、その前年の夏の戦闘に内包されていた。境界線での戦闘は（一九四九年の）五月初めから十月下旬まで続き、何百人もの命を奪い、数千もの兵士を巻き込んだ。（中略）南が当時戦争を望んでいたのに対し、北は戦争を望まず、アメリカも同様だった。ところが一年後に、これが変化していたのである。

•（一九四九年の戦闘は）甕津《オンジン》半島で始まって開城《ケソン》に広がり、そこからさらに春川《チュンチョン》へ、そしてついに東海岸に達した。一九五〇年六月は一九四九年夏の縮図なのである。

•朝鮮戦争に関する歴史叙述の大半は、一九四九年の戦闘についていっさい言及していないと言っていい。戦闘に触れている場合でも、（中略）どの戦闘についても始めた責任を北朝鮮に帰している。他方韓国は、いわば「原初の無垢」の状態にあって守勢に立たされ、他者を脅《おびや》かす意思も能力もなかったというふうに描かれている。

•以下は駐韓アメリカ軍事顧問団団長のウィリアム・L・ロバーツ准将の言である。「韓国人は北を侵略したいという願望を持っています（中略）」。ロバートは続けて、三十八度線の南北で発生した「つつき合い」には「北も南も責任を負う」と述べた。

• この時期に、李承晩は急速に国軍を拡大した。二つの新しい師団が一九四九年六月に編成された。また韓国陸軍の兵力は、七月末までに八万一〇〇〇人に達し、八月末までには十万人となった。この頃には韓国軍は北朝鮮軍の推定兵力を大きく上回っていた。

• 一九四五年九月後半、（中略）境界線を米ソが設けたとき以来、三十八度線は発火点となる可能性を抱え続けていた。（中略）ところが一九四八年初めに戦闘が激発する。南は「常と変わらず」北を非難しているが、戦闘のほとんどは西北青年会（南朝鮮の反共主義団体）の挑発に起因するとジョン・R・ホッジ中将（注：一九四五年から四八年まで、南朝鮮での米軍政庁で軍政長官）は報告している。

• 一九四九年夏には、南は米軍を引き留めるため戦闘を仕掛けようとしていたのだが、北はアメリカの部隊の撤退を望んでいたので南に比べれば攻撃的ではなかった。ただし、だからといって北が受け身だったというわけではない。北朝鮮は戦闘に統一政策を絡めており、これもまた一九五〇年六月とほぼ同じだった。

• 一九四九年の戦闘は五月四日、開城で始まり、交戦はおよそ四日間継続した。アメリカと韓国の公式数では、兵士の死傷者数は北朝鮮側が四〇〇人、韓国側は二二人で、開城では一〇〇人以上の民間人が死亡したという。

（その後、様々の戦闘を記述）

一九四九年の戦闘をどちらが仕掛けていたかの論を横においても、少なくとも、「朝鮮戦争は北朝鮮が突然攻撃した」という性格のものではないことは明らかであるといえるでしょう。

［第三章］

朝鮮戦争の開始

侵攻する朝鮮人民軍（北朝鮮軍）。朝鮮戦争勃発後間もない1950年６月撮影
写真提供：コリアメディア／共同通信イメージズ

朝鮮戦争全体を俯瞰《ふかん》するため、トルクノフ著『朝鮮戦争の謎と真実』掲載の年譜を見てみます。

【一九五〇年六月から九月の動向】

五〇年六月二十五日　朝鮮戦争勃発。北朝鮮軍、三十八度線突破。韓国軍・米軍顧問敗走。
　　　　二十六日　ソ連欠席の国連安保理、米提出の北朝鮮非難決議採択
　　　　二十七日　GHQ、日本共産党機関紙「アカハタ」の発行停止を命令
　　　　　　　　　トルーマン米大統領、海・空軍の韓国出撃、第七艦隊の台湾海峡派遣を命令（地上軍は三十日）
　　　　二十八日　北朝鮮軍、ソウル占領、さらに南進。トルーマン、韓国援助を命令
　　七月　一日　米地上軍先遣隊、釜山《プサン》到着
　　　　　七日　ソ連欠席の国連安保理、国連軍の韓国派遣決議
　　　　　八日　GHQ、警察予備隊創設を命令
　　　　二十六日　十六カ国参加の国連軍編成完了（マッカーサー最高司令官）
　　　　二十八日　**レッドパージ開始（注：報道機関が対象であることに要注意）**
　　　　三十一日　マッカーサー・蔣介石会談、台湾防衛の声明（八月一日）
　　八月　二十日　北朝鮮軍、釜山橋頭堡《きょうとうほ》を除く韓国の九〇％以上を支配下に
　　九月　十五日　国連軍、仁川《インチョン》上陸。北朝鮮軍退却
　　　　二十八日　国連軍、ソウル奪回

注目すべきは、台湾をめぐる米中関係と、日本の国内体制に関し、アメリカがすぐ措置を取っていることです。

朝鮮戦争の勢力図を、トルクノフ著『朝鮮戦争の謎と真実』から紹介します（141頁・図2）。

朝鮮戦争初期はどのように戦われたか❶ マッカーサーは「一時はどうなるかわからない戦況で、全世界の予言者たちは、ダンケルクの大がかりなアジア版を予告していた」と回想しています

マッカーサーが朝鮮戦争への関与を『マッカーサー回想記〈下〉』に次のように記述しています。

・私は朝鮮に行き、自分の目で、現状を見ることにした。

（六月二十九日）朝鮮からのニュースは、前日に輪をかけて悪化しているようだった。首都ソウルは激しい攻撃にさらされ、韓国政府はとりあえず大邱《テグ》へ移っていた。

・私はソウルの三二キロ南にある水原《スウオン》に着陸した。

・韓国軍は凄まじい混乱状態で逃走していた。

・ソウルはすでに敵の手中に落ち、わずか二キロ足らずの彼方で、あの十四世紀以来の古

い首都の廃墟から煙がもうもうと噴き出ているのが見えた。


「八月時の朝鮮戦争の模様」

（八月）わが部隊はさらに南にさがり、釜山周辺でいわば海岸の上陸拠点を大きくした程度の防御線を張ることとなった。北朝鮮軍はいまや十三個師団の兵力を戦線に出していた。（中略）**一時はどうなるかわからない戦況で、全世界の予言者たちは沈痛な表情を浮かべて、ダンケルクの大がかりなアジア版を予告していた**（注：ダンケルクとは、一九四〇年フランスに侵攻したドイツ軍に追い詰められた英仏軍が、輸送船の他に小型艇、駆逐艦、民間船などすべてを動員して、ダンケルクからイギリス本国に向けて四〇万人の将兵を脱出させた作戦）。

　敵の補給物資と増援部隊の動きは、いつも一定の型をとり、またその量も多かったので、それから推しても大量の物資が満州とシベリアからソウル経由で、われわれの爆撃や銃撃にもかかわらず、どしどし流れてきていることは明白だった。（中略）八月の末までにはかなり安定した防衛線を築きあげた。

図2 朝鮮戦争 戦線の移動

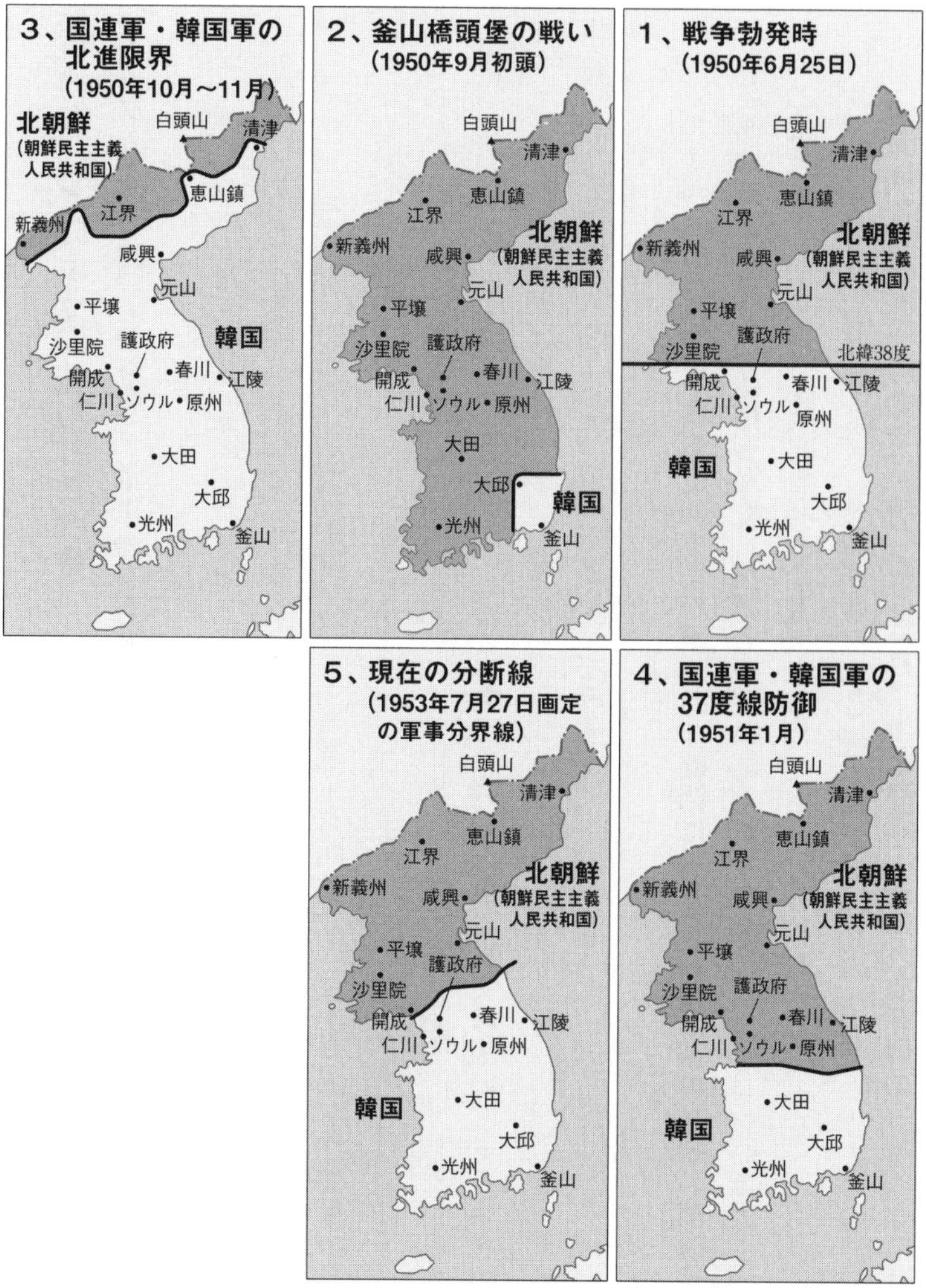

（トルクノフ『朝鮮戦争の謎と真実』掲載図版を参考に作成）

朝鮮戦争初期はどのように戦われたか❷
ハルバースタム記者は、七月を「米軍の一方的撤退」と記しました

デイヴィッド・ハルバースタムは一九三四年生まれ。一九六四年にベトナムをめぐる報道によりピューリッツァー賞を受賞しました。彼の名声を一段と高めたのは、著書『ベスト&ブライテスト』(二玄社、二〇〇九年)です。この本は、ベトナム戦争を始めたジョン・F・ケネディ政権と、それを継いだリンドン・ジョンソン政権において、国防長官を務めたロバート・マクナマラを中心とした「最良の、最も聡明なはずの人々」が、「いかにして政策を過ち、米国をベトナム戦争の泥沼に引きずりこんでいったのか」、ホワイトハウスの内情を克明に描いたドキュメンタリーです。その彼が、二〇〇九年、朝鮮戦争について『ザ・コールデスト・ウインター 朝鮮戦争』(文藝春秋)を出版しています。彼の記述を見てみます。

- アメリカはまったく準備不足のまま参戦した。**戦闘に投入された米軍の最初の部隊は、装備は貧弱、隊員の体格も悪く、指揮もひどいことが多かった。**ヨーロッパと太平洋の二大戦域でわずか五年前に勝利した強大な軍は、もぬけの殻だった。
- マッカーサーの保護の下で兵士の練度は低かった。
- **(朝鮮戦争勃発後) いまではほとんど毎日、米軍部隊の退却と北朝鮮の一方的な前進の**

ニュースばかりである。新たな戦後の時代のアメリカ人は、米軍兵士の能力を不用意に過大評価していた。（中略）アメリカ人は北朝鮮軍が越境してきたとき、陸軍にどんなに大きな欠陥があるにしろ、侵略を終わらせるのに大して手間は取るまいと予想していた。北朝鮮軍は戦っている相手がアメリカ軍だと知れば、たちまち戦況は急転して、前線からの悪いニュースはよいニュースに取って代わるだろう、北朝鮮軍とは限られた数の部隊で戦えると考えたのは独りマッカーサーだけではなく、軍、政界の最高首脳、残念ながら絶対多数の兵士自身も同様だった。

そのほとんどがある種の人種差別、戦場での白人のアジア人に対する優越信仰を映し出していた。これは太平洋戦争初期に勝利を重ねた日本人を除外した判断だった。（中略）**相手はたかが朝鮮人である。いったい朝鮮人がアメリカ人を負かすなどということがあるだろうか。**しかし、真相は緒戦時の指揮官らを非常に困惑させるものだった。

ビル・ディーン少将は七月末、大田《テジョン》防衛を自ら指揮した後、行方不明が報じられ、結局北朝鮮軍の捕虜に

ダグラス・マッカーサー◎（1880～1964）米国の軍人。太平洋戦争開戦時、米国極東軍司令官。1942年～51年まで西南太平洋方面連合軍総司令官として対日反攻を指揮。戦後45年から日本占領連合国軍最高司令官。49年米太平洋軍を指揮。50年～51年まで朝鮮戦争で国連軍を指揮するが、中国領への戦線の拡大を主張してトルーマン大統領に解任された。帰国後引退。

なった。捕虜になる数日前、シカゴ・デーリー・ニュース紙のキーズ・ビーチ記者は小さな滑走路でディーンとばったり出会った。ディーンはビーチに「正直に認めよう。敵は我が軍の兵士が持っていないものを持っている。それは死を厭《いと》わないことだ」と語った。

・アメリカ軍は要地を維持できなかった。北朝鮮軍の先鋒《せんぽう》部隊は精鋭で武器もアメリカ軍より優れていた。アメリカ軍は退却を重ねた。七月末、アメリカ軍は朝鮮向け追加部隊の編成を急いだ。航空機、戦車を供給し、敵のT‐34戦車を阻止できるバズーカ砲の補給をスピードアップしているにもかかわらず、惨敗の色を濃くしていった（注：急に送られたディーンの部隊は北朝鮮の有する戦車に対抗する十分な武器もなく、その任務は北朝鮮の釜山へ向けての進軍をできるだけ遅らせることにありました）。

開戦直後の数日間の最初の驚きは、いかに北朝鮮軍が強く、いかに韓国軍が弱いかということだった。韓国軍はほとんどの前線でほぼ壊滅とみられる打撃を被った。つぎの大きな驚きは、派遣されてきた先陣の米軍部隊が緒線でみせたさんざんなていたらくだった。それは驚きどころの騒ぎではなかった。

・司令部が韓国に最初に派遣した第二四師団は、衆目の一致するところ、在日四個師団中最弱で、戦備は最低だった。

・北朝鮮兵はかれらの国柄を映す鏡だった——抑圧され、植民地化された社会からソ連モデルの粗雑なコピーを使って即席の近代に一晩で跳躍しようとしていた。（中略）北朝鮮兵の三分の一近くが（中国での）国共内戦時に共産側について困難な戦いを経験していた。

・一九五〇年七月は米軍史上最悪の月の一つだった。長く不名誉な退却が続いた。

朝鮮戦争初期はどのように戦われたか❸

ハルバースタム記者は、「釜山橋頭堡で米軍は約二カ月間北朝鮮の猛攻を耐える」と記しました

釜山周辺の戦いは朝鮮戦争の流れを決める重要な戦いでした。ここを陥落させれば、北朝鮮軍は朝鮮全土を制覇したことになります。金日成の目的が達成されます。米軍は北朝鮮軍の激しい攻勢を耐えきります。ハルバースタム著『ザ・コールデスト・ウインター　朝鮮戦争』で続きを見てみます。

・朝鮮半島では決戦が近づいていた。一九五〇年八月初旬、北朝鮮人民軍は洛東江《ナクトンガン》の対岸に布陣する国連軍（米軍）部隊への攻撃の構えを見せていた。国連軍は依然劣勢だったが、人民軍の攻勢も目に見えて鈍化していた。国連軍司令部は、洛東江が北朝鮮軍の障害となり、その背後で兵士は一息つけると判断した。しかも新規の兵力がアメリカから到着しつつあった。陸軍戦史家ロイ・アップルマンは、**洛東江を釜山橋頭堡《きょうとうほ》のおよそ四**

分の三を守る巨大な堀だと紹介している。橋頭堡といっても小さくはなく、次の数週間の戦いは数百の小戦闘と時折の規模の大きな数回の戦闘からなる。

• **釜山橋頭堡の形状は長方形で、南北におよそ一六〇キロ、東西に八〇キロ。**（中略）（洛東）**江の流れは緩やかで泥で汚れ、水深は最深地点でもせいぜい約二メートル、川幅は四〇〇メートルから八〇〇メートルである。**

• 米軍部隊の戦闘能力は劇的に改善に向かい、北朝鮮軍側は時間切れが始まりつつあった。（中略）わずか数週間前には彼らの意のままだった戦況がどんどん難度を増してきた。（中略）北朝鮮軍の退役将軍兪成哲《ユ ソンチョル》は後年、「朝鮮戦争はわずか数日で終わる予定だった。われわれは事態が悪化した場合を想定していなかった。失敗に備えた計画なしで戦争をすると、自ら災いを招くことになる」と語っている（注：兪成哲は一九四五年九月十九日、ソ連軍第八八旅団隊員と共に、金日成と同じくソ連の軍船プガチョフ号で元山港に入港。一九五〇年六月二十五日、南侵開始の合図となるロケット弾の発射命令を下達。一九五〇年七月、総参謀長代理。粛清の危機の中、一九五九年、ソ連（ウズベキスタン）に帰国。北朝鮮に入った〝ソ連派〟と呼ばれる人々の相当部分は一九三〇年代末、沿海州に住んでいた朝鮮人がウズベキスタンに強制移住させられた人々でした）。

• 金日成が八月三十一日、十三個師団を洛東江の決戦に投入したころは、双方の軍事力の水準は驚くほど互角になっていた。（中略）およそ十万人の北朝鮮軍が最後と目論《もくろ》む戦いと釜山攻撃を準備しているときに、第八軍のほぼ八万の米兵が釜山橋頭保防衛に備えていた。

・第八軍が過去二カ月を持ちこたえたのは、ジョニー・ウォーカー（中将）個人の大成果だった。（中略）準備を欠き、貧弱な装備とひどく劣勢な兵力をやりくりして、優秀な敵の精鋭の猛進撃に、じわじわとブレーキをかけた。

・（九月二日から十五日までの）洛東江の戦いで、米軍は最初の四十八時間、北朝鮮軍の大攻勢を阻止し、防衛陣地を漸次強化したとはいえ、戦いは九月十六日になっても下火にはならなかった。この日、洛東江一帯では前日のマッカーサーの仁川上陸《インチョン》に呼応した米軍の大規模反撃が始まった。

朝鮮戦争初期はどのように戦われたか❹
総司令部外交局長（大使に相当）シーボルトは「仁川上陸作戦で防衛戦段階を終えた」と評価

シーボルトは、米軍の日本占領時代、連合国軍最高司令官総司令部外交局長を務めています。この職は何をするのかわかりにくいのですが、米国国務省代表として機能していました。

通常であれば、大使に相当する職です。彼は総司令部が毎日行なう朝鮮戦争の戦闘報告会に出席しています。これをもとに、シーボルトは著書『日本占領外交の回想』の中で朝鮮戦争についても言及しています。

朝鮮戦争は、まことにうんざりするような空しい戦闘だった。最初のわが軍の後退は、世界にショックを与えたが、時間をかせぐためには是非とも必要な措置だった。

最初米軍を少しずつ投入したために、米第八軍と再編韓国軍二個師団をして、半島の最南端で最終防衛線を作らせることが可能になった。洛東江東岸のこの場所は、ペリメーター（周辺地域、釜山橋頭堡と称される地域）として知られており、ここに死守防衛陣地を作ったのだ。

このペリメーターには、八個師団を投入した——内訳は米軍三個師団とハワイからの第八連隊戦闘隊等であった——。

最初の共産側の攻撃によって苦しめられ、非常警備に入るとともに、米国は、開戦当時不足していた兵員と装備とを速やかに供給した。軍の再編が急速に行なわれたので、**八月の終わりには、ペリメーターを包囲する北朝鮮軍よりも、米韓軍のほうが、兵員数と兵器の両面で優勢になっていた。**

・夏の期間中、北朝鮮側が依然として主導権を握っていた。彼らの攻撃ぶりはまことに激烈をきわめ必死だった。東京では我々は、海を越えたかなたの必死のシーソー・ゲームのような戦闘をフォローしながら、あたかも故ウォーカー中将（後、北朝鮮に進駐時、自動車事故で死亡）が、ペリメーターの塹壕《ざんごう》にしがみつくようにして、共産側の潮《うしお》のような攻撃を食い止めているのを見ていた。

・一九五〇年九月中旬、あの輝かしい仁川上陸作戦をもって、防衛戦の段階を終わった。

同時にペリメーターからの出撃が始まった。

仁川上陸作戦——朝鮮戦争では、この作戦が流れを決定的に変えます

北朝鮮軍は朝鮮全域の制覇のために、米軍を釜山まで追い詰めましたが陥落させることができません。長い補給路も確保しなければなりません。その中でマッカーサーは、ソウルに近い仁川に上陸する作戦を敢行します。成功すれば釜山周辺の北朝鮮軍を孤立させられます。ただこの地域は潮の満ち引きが極めて大きく、上陸作戦は短時間で行なわなければならず、もし北朝鮮側が察知したら全滅の可能性もある危険な作戦です。

シーボルト著『日本占領外交の回想』で見てみます。

・仁川上陸作戦は、（中略）**現代軍事史上、最も信じ難いほどの作戦の一つだった。**仁川の大潮は、海岸への

仁川上陸作戦◎（インチョンじょうりくさくせん）1950年9月15日、ソウル西方の仁川に国連軍が上陸し、北朝鮮よりソウルを奪還した一連の作戦。マッカーサーが発案し、釜山橋頭堡の攻防中の8月12日「クロマイト一〇〇・B計画」を策定。反対を退け実施。仁川は干潮の差が大きく、上陸は満潮時前後1時間に限定されることなどから「世紀の大博打（ばくち）」といわれた。この作戦の成功で、戦況は一変した。写真は梯子を使い岸壁を乗り越える米兵。仁川港は岸壁で囲まれていた。

上陸作戦のためには是非とも必要なものだが、これは僅かに三日間だけしか続かない。水位は三十一フィートも上るが、干潮になると、長くて深い泥沼が姿を見せる。九月十五日をD日（決行日）と決め、この日の明け方の満潮時に、海兵隊一個師団が月尾島《ウォルミド》に上陸した。（中略）三日以内に、補給作戦は、順調に進んだ。

・マッカーサーは、（中略）大胆不敵のギャンブルに打勝ったのだ。**この構想については、各軍の最上級指揮官がこぞって反対しており、東京の総司令部における二日間にわたる会議で、その反対は最高潮に達したが、**彼はこれを押切って、その実現を追求してきたものだった。これはまことに「輝かしい、大胆な」攻撃といわれたものだが、さらにこれは、時を同じくしてペリメーターから出撃した第八軍の作戦と相呼応したものだった。

当事者であるマッカーサーはどのように評価しているのでしょう。著書『マッカーサー回想記〈下〉』を見てみます。

・私はついにかねての自分の計画を実行に移して、**乾坤一擲《けんこんいってき》の勝負を挑む態勢となった。**私が漢江《ハンガン》の岸辺で一つの可能性として考えた夢は、どうやら確実な現実性を帯び始めていた。**それは、敵の後方深くその側面を突いて、敵の補給線を切断したのち、ソウル以南の敵部隊を残らず包囲してしまうという計画だった。**私はそれまでにも大きな戦闘で同じような決断を下したことはあったが、**これほど危険が多く、またこれほど成功す**

れば決定的な結果を生む見込みのあるものはなかった。

私が目標に選んだ地点は、ソウルの三十二キロ西にある韓国第二の港、仁川であった。

・（マッカーサーは計画を七月三日に発送）ところが私の計画は、ワシントンの軍部の強力な筋に反対された。（中略）統合参謀本部議長オマール・ブラッドレー将軍は、そのような作戦はすでに時代遅れであり、そんな行動はもう二度と成功しないという意見を堅く持っていた。

・この作戦を協議するため陸軍参謀総長ジョーゼフ・ロートン・コリンズ将軍と海軍作戦部長フォレスト・シャーマン提督が近く東京に向かうとの電報を、私に送ってきた。二人が東京に着いてみると、この訪問の実際の目的は、私と協議することよりは、むしろ私にこの作戦をあきらめさせることだ、ということがたちどころにわかった。

激しいやり取りの後、八月二十九日、統合参謀本部から同意の連絡が着きます。その後もワシントンが逡巡《しゅんじゅん》している電報がマッカーサーに届きます。

九月十五日、敵が警戒していれば全滅になる可能性がある中、午前八時、第一波の海兵隊の上陸が成功します。その後、部隊はソウルと金浦飛行場の奪取に向かい、九月二十八日ソウルを奪取します。

中国側には、仁川上陸作戦の可能性を見抜き、それを毛沢東に報告し、ソ連と北朝鮮に通報していた人物がいたのです

朝鮮戦争でのマッカーサーの功績は仁川上陸作戦です。しかし、この作戦はマッカーサー自身が述べているように「成功すれば決定的な結果を生む」が、「これほど危険が多い」ものはない作戦でもあったのです。仁川付近の潮の満ち引きが極端で、上陸作戦に使える時間が限られ、待ち伏せで撃滅させられる可能性もありました。

では、敵は予測できなかったのか。朱建栄著『毛沢東の朝鮮戦争』では雷英夫《らいえいふう》が予言したと指摘しています。

雷英夫の経歴は「Bai de 百科」には次のようになっています。「中华人民共和国成立后，任周恩来总理军事秘书，军委作战部一局副局长兼总参谋部作战室主任，中央复员委员会副秘书长，中央兵工委员会秘书长，中国人民解放军总参谋部作战部作战处处长，副部长，中国人民解放军后勤学院副教育长。一九六一年晋升为少将军衔」（中華人民共和国設立後、周恩来首相の軍事秘書官、軍事委員会の副局長、参謀総長戦闘室局長、中央動員委員会副書記長、中央武器委員会の書記長、人民解放軍総参謀部の戦闘部長を務めた。中国人民解放軍物流学院副課長、副大臣、副教育局長。一九六一年に少将に昇進）

そして、彼の功績等の項で「小参謀大有可為」に仁川上陸作戦を予測したことが記述してあります。『毛沢東の朝鮮戦争』には、「権延赤《けんえんせき》がインタビューした内容」として、次を紹介しています。

居仁堂の総参謀部作戦室で、緊張した分析、検討が午後まで続き、やっと一段落した。（中略）雷英夫は西花ホールへ周恩来に面会に行き「われわれ作戦室が繰り返し検討した結果、朝鮮戦争は大きな危険を孕《はら》んでいるとの結論に達した。……アメリカ軍は上陸作戦を行うのでないかと考える。そして西海岸の仁川が上陸地点である可能性が高い。……われわれは理由を六カ条にまとめた」と報告した。

周恩来はただちに電話で毛沢東に報告し、毛は、周に雷英夫と作戦部の李濤部長を連れて自分の執務室に来るよう命じた。菊香書屋に入ると、雷は作戦室でまとめた六カ条の根拠と判断をもう一度説明した。毛沢東はそれに耳を傾けてから、六語を口にした。「有道理、很重要」（道理がある、とても重要だ）。

最後に毛沢東は三つの命令を出した。（中略）われわれの見解をスターリンと金日成に通報し、彼らの参考に供せよ。

そこで挙げられた六カ条は、次のものです。

一、米軍・韓国軍の十三個師団が釜山三角州の狭い陣地に配置されているが、陣地を固守したまま、撤退も増援もしない。**戦略的に見れば、それは朝鮮人民軍の全主力部隊を引きつけるためである。**
二、アメリカは日本に、高い戦闘力を有する陸軍第一師団と第七師団（後の第一〇軍）を集結しているが、それを朝鮮戦場に増援する気配はなく、戦闘訓練を行いつづけている。これは新しい戦場を切り開くことの兆しだと考えられる。
三、地中海、太平洋に配備していた米、英の多数の艦隊が朝鮮海峡（対馬《つしま》海峡）に集結中である。これも上陸作戦を行い、戦争を拡大しようとする兆候である。
四、**朝鮮半島は南北に長く、東西は一番細いところでは百キロ余りしかない。（中略）仁川に上陸することは敵にとって戦略的価値が一番大きい。**
五、マッカーサーと彼の第八軍は敵後上陸作戦に慣れており、（後略）。
六、人民軍が洛東江まで前進したのは勝利であるが、補給路が延長され、兵力が分散し、特に後方が空虚になっている。それに対し、敵軍は集中防御で、反撃する余裕が出てきており、戦場での主導権を握り始めている。

以上が、雷英夫の分析です。今日見ても非の打ちどころのない分析です。やっと国民軍を破ったこの時期に、「日本に、高い戦闘力を有する陸軍第一師団と第七師団（後の第一〇軍）を集結し、戦闘訓練を行い続けている」という情報収集を行なっているのです。

もし、スターリンと金日成がこの情報を真剣に考慮していれば、仁川上陸作戦は失敗しています。それは朝鮮戦争全体の動向に大きい影響を与えていたと思います。

三十八度線を越えるか否か

国連軍は一九五〇年九月二十八日、ソウルを奪回します。その後の動きを年表に示します。

（トルクノフ著『朝鮮戦争の謎と真実』）

【一九五〇年九月から十月の動向】

五〇年九月二十八日　国連軍、ソウル奪回
十月　三日　韓国軍・国連軍（八日）、三十八度線を突破し、さらに北進
八日　毛沢東、中国人民志願軍の編成を命令
九日　周恩来が訪ソ、スターリンと会談
十三日　中国人民志願軍の朝鮮出動を決定。彭徳懐《ほうとくかい》司令員（注：司令官）
十五日　トルーマン・マッカーサー会談（ウェーキ島）
十九日　国連軍、平壌《ピョンヤン》占領。中国人民志願軍、鴨緑江《おうりょくこう》渡河
二十五日　中国人民志願軍、朝鮮戦争に参戦

北朝鮮の軍が三十八度線を越えて南朝鮮を侵略しました。それを三十八度線まで押し返すことには何の問題もありません。問題はここからで、侵略した金日成体制を倒すため、北進すべきかどうかですが、国連軍は、ほとんど何の躊躇もなく北進していきます。ソウル奪回後、わずか五日の間で実施しています。米国国内には、三十八度線越えに反対していた人物がいます。

戦争開始時から米国国務省政策企画部長ジョージ・F・ケナンは、三十八度線越えはあってはならないと主張していました。しかし受け入れられず、国務省を去ります

米国国務省政策企画部長ジョージ・F・ケナンは共産圏の脅威に対して「封じ込め」を主張していました。「封じ込め」は一見強硬のように響きますが、これと対立する考えは、「敵を軍事力でもって排除する」です。朝鮮戦争の勃発によって、ジョージ・ケナンは次第に影響力を失います。

彼は「三十八度線を越えて北進すべきでない」と主張していますが、これを彼の著作『ジョージ・F・ケナン回顧録』（読売新聞社、一九七三年）で見てみます。

・一九五〇年六月二十五日に開始された、北朝鮮による南朝鮮への侵入に対して、武力をもって抵抗するという我々の決定には、最初から私は賛成していたのである。しかし私が賛成したのは、我々の行動は次の限定された目的のためにほかならないという想定と了解に基いてであった。すなわち、それは朝鮮半島における現状の回復、およびたとえ軍事的成功を見る場合においても、我々の部隊は三十八度線に沿う規定の分割線を越えない、ということであった。(中略)従って、南朝鮮における北朝鮮の侵略に抵抗するという決定が、知らず知らずのうちに、本来の意図を越えたものに発展するのをくいとめる保証について、私は大いに関心を寄せていたのであった。

・すでに、一九五〇年七月に、米国政府の討議の席上、私は三十八度線以北へのいかなる進攻にも反対する旨を、明確にしておいた。この見解が賛意を得るに至らなかったことは、ジョン・フォスター・ダレス氏が、これを政府の安全という立場から(最も不適切な形で)、私の方が危険でひねくれた意見であるという証拠として、あるジャーナリストに語った事実からも明らかであった。私はこの意見を九月にワシントンを去るまで押し通し続けた(注:こうした戦略の違いは、後のサダム・フセインのへの対応にも現われます。ブッシュ〔父〕大統領はクウェートに侵攻したイラク軍をクウェート国境線まで追い返す湾岸戦争を行ないますが、ブッシュ〔子〕大統領はこの作戦は失敗だったとして、サダム・フセインを倒す新たなイラク戦争を始めます)。

三十八度線越えには当初「中共やソ連の大軍が、北朝鮮に入らないならば」という条件がついていました。しかし、嘘でも「それはない」と言えば、三十八度線を越えられるのです

三十八度線を越えて北朝鮮に入るか否かは重大な決断のいるところです。もし、ソ連や中国が参戦すれば、大変な戦いになります。三十八度線越えについて、シーボルトは著書『日本占領外交の回想』で、次のように記述しています。

韓国で北朝鮮軍の一部が撃滅されるやいなや、国連軍は三十八度線を越えるべきかどうか、という問題が起ってきた。**一九五〇年九月二十七日、マッカーサーは、統合参謀本部から、敵軍を完全に撃滅するために、そうしてもよいという許可を受けとった。ただし、この許可には、中共やソ連の大軍が、北朝鮮に入らないならば、という基本的な仮定にもとづく条件が付いていた。**（中略）

十月一日、マッカーサーは、北朝鮮総司令官に宛てた降伏要求を放送したが、返答はなかった。翌日、元帥は、国連軍はすでに三十八度線を越えた、と私に語った。

「鴨緑江まで米軍が攻め上がれば、中国が反応する可能性はある」という論議は十分できました。

しかし、この時期、米国では「赤狩り」が勢いを増している時期です。特に「もともと米国の影響力が強かった中国をなぜ共産勢力が支配するようになったのか」との論議が巻き起こり、中国事情に通じ、俗称「チャイナ・ハンズ」と呼ばれた人々が「国家に対する忠誠に問題がある」と批判され、要職から離れていきます。そういった中で、中国の行動を客観的に見ることができる勢力がなくなっていたのです。

スターリンと毛沢東の間で、中国参戦の論議を行なっています。
スターリンは中国の参戦を求め、毛沢東も参戦の意思を表明していますが、一九五〇年十月初め、毛沢東は「中国の参戦はないかもしれない」とスターリンに告げます

トルーマン大統領が六月三十日に陸軍を投入することを決めてから、中国軍内では❶北朝鮮支援のための出兵の可否、❷米軍が鴨緑江を超えて中国領に入った場合の軍の配備や作戦について、検討を始めます。しかし、毛沢東は最終的な政治決定は行なっていません。

したがってソ連・中国の中で、支援をどうするかが協議されます。（トルクノフ著『朝鮮戦争の謎と真実』）

《スターリン→周恩来（七月五日の通告）》

「敵が三十八度線を越えた場合、中国が義勇兵的行動のため、九個師団を中朝国境に結集させることは妥当だとわれわれは考えている。われわれは航空隊によるこれら部隊への擁護を行うよう努める」

《スターリン→北京（七月十三日の電報）》

「あなた方が中国軍九個師団を朝鮮国境に配備するのを決定したのかどうか、われわれには定かではない。もしそのような決定を下したのであれば、われわれはこれらの部隊を支援するため、一二四機のジェット戦闘機師団を派遣する準備を整える」

九月十五日、国連軍が仁川に上陸し、九月二十八日にソウル奪回すると、国連軍が三十八度線を越え、北朝鮮内に進入する可能性が一気に高まります。

《スターリン→毛沢東、周恩来（十月一日の至急電）》

「……朝鮮の同志たちの状況は絶望的であると見ている。（中略）**たとえ五～六個師団でもいいから、三十八度線に即座に（中国軍を）移動する必要があるだろう**」

《毛沢東→スターリン（ローシチン大使経由の返信、十月三日）》

「敵が三十八度線を越えて北に出撃する時点で、朝鮮の同志たちに援助を供与するため、数個師団の志願軍を北朝鮮に進めることを計画した。しかし、入念に検討してみると、このような動きはかなり深刻な結果を引き起こしうると今は考えている。

第一に、数個の師団によって朝鮮問題を解決するのは大変難しい（わが軍の装備はかなり貧弱で、米軍に対する軍事作戦を成功させる自信はない）。敵はわれわれを退却させうるだろう。

第二に、これは米国と中国との全面衝突を呼ぶ公算が高い。その結果、ソ連もまた戦争に引きずり込まれる。このような形で、問題は極端に大きくなるだろう。

中国共産党中央委員会の多くの同志は、ここで慎重さを発揮する必要があると考えている。もちろん軍事援助としてわが軍を派遣しないのならば、現在のような困難な状況にある朝鮮の同志たちはたいへんに困るであろう。われわれ自身もまた、非常に耐え忍んでいる。

もしわれわれが数個師団を送り、敵がわれわれを退却させるならば、これが米国と中国との公然たる衝突となり、われわれの平和建設の全計画は挫折する。戦争によって人民にもたらされた心理的ショックはまだ癒《いや》されておらず、平和が必要である。

このため、今は我慢して、軍隊を送らず、敵と戦争になった時にもっとうまくいくよう力を積極的に蓄えるのがよりよいと考える。

朝鮮は、一時的には敗北するだろうが、パルチザン闘争へと戦争形態を変えるだろう。われわれは党中央委員会の会議を招集する。（中略）この問題に関しては、まだ最終的

な決定は下されていない。（中略）

もし、貴下が同意してくれるなら、貴下とこの問題を審議し、中国と朝鮮との間の問題を報告するため、われわれはすぐに周恩来と林彪《りんぴょう》同志とを飛行機で、貴下の休暇先（黒海沿岸のソチ）に派遣する用意がある。

毛沢東　五十年十月二日」

この毛沢東の返信にローシチン大使は自己の感想を付記して、同送しています。

「毛沢東の返事は、（中略）朝鮮問題における中国指導部の当初の立場からの変化を物語っている。（中略）中国人の立場が変化した原因は、われわれには今のところ、明らかでない。変化が事実だとすれば、朝鮮の状況の悪化、中国人に破局を避けるために忍耐と抑制とを呼びかけたネルー（注：インド首相）を通じての米英の陰謀、といった国際情勢の変化が影響を及ぼしたことが予想されうる」

中国内部の動きを見ると、毛沢東が派兵に逡巡するのも十分理解できます

林彪は抗日戦争、国民党との戦いで、高い評価を得ている人物です。高崗《こうこう》は一九四五年党中央政治局委員に選出され、党中央東北局書記、東北人民政府主席、東北軍区司令員（司令官）兼政治委員を務め、東北部の党・政・軍を一手に掌握した人物です。この両名が義勇軍を送るのに反

対していたようです。

　まず、毛沢東は八月五日高崗に対して電報を送り「九月上旬には実戦に投入できるよう準備を整えるべきである」と指示をあたえます。しかし高崗は、八月十三日に開催した東北辺防各部隊の師団以上の幹部会議の結果を踏まえ、「八月末までに出国作戦の準備を完全に終了させることはかなり難しい」と、毛沢東に報告します。

　その後九月初旬、在北朝鮮臨時代理大使であった柴成文が北京に呼ばれ、周恩来と会談し、次いで林彪と会いますが、林彪は柴に対し、「彼ら（朝鮮労働党の指導者）は山に入り、ゲリラ戦をやる心構えができているか」「われわれが出兵せず、彼らにゲリラ戦をやらせることについて、どう思うか」と問うています。柴は、中央内部に出兵反対の主張があることに驚いたと証言しています（この段の事実関係は、朱建栄著『毛沢東の朝鮮戦争』による）。

　毛沢東がスターリンに「今は我慢して、軍隊を送らず、敵と戦争になった時にもっとうまくいくよう力を積極的に蓄えるのがよりよいと考える」「朝鮮は、一時的には敗北するだろうが、パルチザン闘争へと戦争形態を変えるだろう」と記載したのは、こうした考えが、当時の中国には強かったことによると思います。

毛沢東◎（もう・たくとう／マオ・ツォートン、1893〜1976）中国共産党指導者。1921年中国共産党創立に参加。国共内戦では蔣介石率いる中華民国を台湾に追放する。49年中華人民共和国を建国して政府主席、54年〜59年国家主席。大躍進政策、文化大革命を起こす。

次に、前出『毛沢東の朝鮮戦争』の第七章「大論争」から、出兵をめぐる党内の論争を見ていきます。

出兵をめぐり、中国国内で対立❶　十月一日、政治局書紀の間で参戦の方向で調整。

十月一日夜、毛沢東は四人の書記（常務委員）朱徳《しゅとく》、劉少奇《りゅうしょうき》、周恩来、任弼時《にんひつじ》（十月二十七日、脳出血で急死。四十六歳）を集め、出兵の方向で調整します。

出兵をめぐり、中国国内で対立❷　十月二日、政治局拡大会議。

中央政治局常務委員の毛沢東、朱徳、劉少奇、周恩来、（任弼時は病気で欠席）と、政治局委員のほか、各地方区の主要責任者、中央の党、政府、軍の指導者などが出席し、「政治局拡大会議」の形式を取ります。

会議はほとんど混乱もなく、二週間の最終的準備期間を設定し、「わが国の参戦時期を初歩的に、十月十五日に決定する」との結論にいたります。

出兵をめぐり、中国国内で対立❸　林彪に参戦軍司令官就任が要請されますが、林彪は固辞。そして十月四日、五日に再び会合。

次の問題は参戦軍の総司令官に誰を充てるかでしたが、毛沢東は林彪を考えていました。ところがどの角度から見ても最適の人選に思えた要請は、思いがけなくも林彪本人の拒否にあいます。

最大の理由は林彪が参戦自体に極めて慎重な態度を取っていたことでした。

さすがの毛沢東も、これには慌てます。そして十月四日・五日、再び中央会議を招集します。

『毛沢東の朝鮮戦争』は賛成、反対を分類していますので、それを紹介します。

1、十月四日の対立構図

◎即時出兵論者

毛沢東、周恩来

◎即時出兵の潜在的支持者

朱徳、鄧小平《とうしょうへい》、彭徳懐

◎出兵反対派

高崗、（林彪？）など

◎出兵消極派

劉少奇、陳雲《ちんうん》、張聞天《ちょうぶんてん》、李《り》富《ふ》春《しゅん》など

2、十月五日の対立構図

◎即時出兵主張者と支持者

毛沢東、周恩来、朱徳

彭徳懐、鄧小平、劉少奇など

◎出兵反対派

？（高崗、林彪は欠席）

◎出兵消極派

陳雲、李富春など

林彪や高崗の軍関係者が反対ですと、軍関係者の中から支持者を出す必要があります。ここで急遽、彭徳懐を任地、西安《せいあん》から呼び寄せます

彭徳懐は対日戦、対国民党との戦いで功績をあげた著名軍人でした。北朝鮮への出兵に関しては、林彪や、東北部の軍人たちが反対しています。その中で、著名軍人の支持がどうしても必要です。

出兵をめぐり、厳しい対立がある中、毛沢東は急遽、彭徳懐を会議参加のために呼び寄せます。その模様を彭徳懐自身の著書『彭徳懐自述』（サイマル出版会、一九八六年）で見てみます。

•（一九五〇年十月）四日の正午、北京から突然一機の飛行機が飛来した。私にたいし、「ただちに、この飛行機で北京に来て、会議に参加せよ、（中略）」ということであった。

同日午後四時頃、北京の中南海《ちゅうなんかい》に到着すると、党中

彭徳懐◎（ほう・とくかい／ポン・ドーファイ、1898～1974）中国の党・国家指導者。対日戦、対国民党との戦いで功績をあげる。45年～59年党中央委員。50年10月から朝鮮戦争での中国人民志願軍司令官に赴任。朝鮮戦争休戦協定調印者の一人。54年～59年国防相。毛沢東の大躍進政策を批判したため失脚。

央はちょうど会議を開いており、朝鮮の援助のために、出兵するかどうか、という問題を討議しているのであった。

・そのとき、ほかの同志から聞いたところによると、毛主席は、会議の参加者に、出兵にあたっての不利な状況を述べさせた後、次のような話をしたということである。
「君たちの言うことには、みな理由がある。しかし、隣人が国家の危急にある時、われわれは傍観しているというのは、どのように言い訳しようと、いたたまれないものだ」

　到着したばかりの私は、発言しなかったが、心の中では出兵して朝鮮を救援すべきであると思っていた。

・翌日午後、党中央はまた頤年堂《イニエンタン》で会議を開いたが、ほかの同志の発言後、私は次のように発言した。
「朝鮮救援に出兵するのは必要なことだ。そこでの戦争が長引いたとしても、解放戦争の勝利が数年遅れたと思えばよい。

もしアメリカが鴨緑江岸と台湾に張り付いたままだと、中国侵略戦争を引き起こすのに、彼らはいつでも勝手な口実を見つけることができるであろう」

　その会議で毛主席は私を朝鮮に派遣することを決めたが、私も進んでそれに応じた。


　彭徳懐は中国志願軍の司令官として赴任します。多くの軍事専門家が「米国の圧倒的装備の前に中国軍は負けるであろう」と予想する中で、国連軍を三十八度線まで追い返します。彭徳懐は戦闘の模様にも言及していますので、それを見てみます。

・一九五〇年十月十八日の夕刻、私は中国人民志願軍の第一陣の戦闘部隊とともに、鴨緑江を越えて朝鮮に入った。

・敵の機械化部隊は素早く、陣地の構築のスピードも速かった。敵の主力は戦車部隊で、防衛網を作り上げていた。わが志願軍の当時の装備で、敵軍に陣地戦を仕掛けることは不利であり、敗北を喫する可能性さえあったのである。

・**当時我々は、わざと戦闘力が弱いようにみせかけ、思いあがった敵を深く誘い込むという戦術をとった。**（中略）

十一月中旬の某日、敵の司令官マッカーサーは、飛行機で同地域を偵察した。また、その総司令部は、所属部隊に対し、「十分に準備した上、鴨緑江まで攻めのぼり、クリスマスまでに帰還しよう」と放送した。

敵の攻撃開始が近いと判断した我が軍は、すべての準備を整えて待ちかまえた。十一月二十日前後、敵軍は猛烈な攻撃を開始した。（中略）

我が軍の反撃陣地である雲山《ウンサン》、亀城《クイソン》の線まで敵軍が進出してきたのは、夕刻に近かった。

敵の足場がまだ固まらず、その上、一日の戦闘で疲れ切っているのに乗じて、我が軍の小部隊は敵軍の後方に回り、事前に配備した我が軍の主力は、凄まじい勢いで、正面から敵陣へ突入した。
手榴弾と銃剣で、敵軍と白兵戦を演じたため、敵は優勢な火力を使用することができなかった。わが軍の奮戦によって、敵の陣形は散々に乱れ、あちこちでひっくりかえされた車両が道をふさいだ。

・この戦役は大勝利を勝ち取り、敵の各種車両六千以上、戦車、装甲車千数百車両を破壊した。しかしこれらの武器は、敵のナパーム弾で焼き払われたので、捕獲したのはその一部だけだった。

〈第三回戦役〉

一九五〇年十二月三十一日夜、一挙に三十八度線を突破してソウルを奪取し、さらに漢江を渡って仁川港を取り戻し、敵軍を三十七度線まで追い払った。

・毛主席は、抗米援朝戦争についての明確な指示を与えた。すなわち、「速勝を勝ち取れる戦役は速勝し、速勝できない戦役は、ゆっくり勝利を勝ち取れ」というものである。

中国義勇軍は三十七度線まで押し返しますが、米国側には圧倒的軍備があるので、また押し返され、攻防が続きます

【一九五〇年十月から翌五一年四月の動向】

五〇年　十月二十五日　中国人民志願軍、朝鮮戦争に参戦

十一月　三十日　**トルーマン、朝鮮戦争で原爆使用を辞せずと発言**
五一年　一月　四日　北朝鮮軍、中国人民志願軍、ソウル再占領
三月　十四日　国連軍、ソウル再奪回
三月二十四日　**マッカーサー、中国本土攻撃も辞さずと声明**
四月　三日　三十八度線めぐり、国連軍、中朝軍の攻防へ
四月　十一日　マッカーサー解任

（トルクノフ著『朝鮮戦争の謎と真実』）

中国、米国双方が和解に向け動き始めます

中国は明確に休戦を望んでその方向に動きます。毛沢東は五一年六月、高崗（政治局委員、党中央東北局書記、中国の参戦には反対）と金日成を、モスクワに送ります。この会議について、スターリンは毛沢東に電報を送り、この中で「貴下の側から三つの問題が提起された。第一、休戦について、**停戦が現時点で有益であると判断した」と記しています。つまり、中国側が停戦を望んでいることを示しています。**

こうして停戦に向けての動きが始まります。

【一九五一年六月から七月の動向】

五一年六月　　十日　高崗と金日成、訪ソ。スターリンと会談（十三日）
　六月二十三日　マリク・ソ連国連代表、朝鮮停戦交渉提案
　六月二十五日　トルーマン、平和解決に応ずると声明
　七月　　十日　停戦会談本会議始まる（開城、後に板門店）
（トルクノフ著『朝鮮戦争の謎と真実』）

和解の動きの中にケナンがいました

私たちはすでに「三十八度線を越えて攻めるべきではない」と主張していたケナンが、国務省を離れたのを見ました。しかし、朝鮮戦争は膠着《こうちゃく》状態に陥り、もはや、国連軍が鴨緑江まで攻めのぼるという構想は現実味がありません。軍事的解決の道は閉ざされたといっていい状況になりました。米国は休戦を模索します。ここでケナンが今一度、朝鮮戦争に関わります。彼の著作『ジョージ・F・ケナン回顧録』で見てみます。

・（一九五一年五月六日の）十二日後、私はワシントンに呼ばれ、国連安保理事会ソビエト代表ヤコフ・アレクサンドロヴィッチ・マリク氏と非公式に接触する努力をしてもらえないか、と頼まれたのである。（中略）一九五一年六月一日と五日に、この話し合いは行なわれた。

・ソビエトのイニシアチブに刺激されて、周知のように、正式交渉が間もなく始められたのである。この交渉は長く退屈で、それにアメリカおよび国連側の立場からするとおよそ信じがたいほど腹立たしいものであった（注：❶一九五一年六月二十三日、マリク駐国連・ソ連大使は朝鮮戦争の休戦協定を呼びかけます。❷他方スターリンは朝鮮戦争の継続はソ連に利益があるという判断だったので、交渉の進展がないのは当然でした）。

・しかし実際には話し合いは行なわれたのであり、**戦争はその大半が停止されていた。**

彼は、これから得られた教訓の一つとして、次を追加しています。

政治的な対立者、また軍事的対立者の間においてさえ、国際社会の公然たる正式ルートの陰にある、極秘の非公式の瀬踏み的接触が（中略）大きな、時には決定的な価値を持つということである。

スターリンは戦争の継続を望みます。そのことは、中国と北朝鮮の反発を招きます

中国、北朝鮮は停戦を望みますが、スターリンは戦争の継続を望みます。ソ連の空軍は適宜参

加しますが、陸上で命をかけて戦うのは米国と中国及び北朝鮮です。米国と中国が戦争で疲弊するのは、スターリンにとって好都合です。

スターリンが戦争を望んでいることを裏付ける電報がいくつか存在します。トルクノフ著『朝鮮戦争の謎と真実』を見てみます。

《グロムイコ（外務大臣）→ヴィシンスキー（国連ソ連首席代表）（五〇年十二月七日）》

「ソ連代表部の提案は、次のことを含むべきである。朝鮮からすべての軍隊を即座に撤退すべきである。朝鮮問題の解決は朝鮮民族に任せるべきである」（注：米国がこの提案をのむわけがありません。結果として戦争継続）

《スターリン→毛沢東（五一年六月五日）》

「**朝鮮戦争の完遂を急ぐ必要はない。**なぜなら、戦争継続によって中国軍は現代戦の技術を習得し、第二に、米国のトルーマン政権を弱体化させ、英米の戦争の威信を低下させるからである」

ヨシフ・スターリン◎（1879〜1953）ソビエト連邦共産党指導者。ロシア革命ではウラジミル・レーニンを助けて活躍。レーニン死後、一国社会主義を唱える。1936年スターリン憲法制定、反対派・批判派を粛清。第二次世界大戦では英国・米国などと共同戦線を張り、対独戦を勝利に導く。戦後は東欧諸国の社会主義化を推進。22年〜53年ソ連共産党書記長。53年3月1日脳卒中で倒れ5日に死去。スターリンの死により、朝鮮戦争休戦への動きが進展し、7月朝鮮戦争休戦協定調印。

中ソは、一九六九年、国境河川で軍事衝突しますが、こうした朝鮮戦争をめぐるスターリンと毛沢東の対立が積み重なって、両国の対立が深刻化していったのだと思います。

スターリンの考え方は、北朝鮮の反発を招いています。

北朝鮮とソ連の立場に違いがあるのは、グロムイコ外相がラズヴァーエフ駐北朝鮮大使に送った電報、及び彭徳懐が毛沢東に送った電報に表われています。

《グロムイコ→ラズヴァーエフ（五一年十一月二十日）》

「朝鮮での平和的解決を加速するという朝鮮の友人の国連への呼びかけに関して、貴下の行動は許し難いことだと、注意を与える。

国連総会と安保理に対し朝鮮の友人が呼びかけた意図とは、つまり朝鮮での軍事行動のすみやかな停止、前線からの軍隊の引き揚げ、三キロの非武装地帯の創設、朝鮮での戦争を引き延ばしている者の責任追及といったことだ。（中略）

この朝鮮の友人の前述の要求や、そして誰の主導でこのような国連への要求が出されたのかは、いっさい知らされていない」

《彭徳懐→毛沢東（一九五二年一月十六日）》

「本年一月十六日、朝鮮外相朴憲永《ぼくけんえい》が来訪した。会談中彼は、朝鮮の全人民が平和を求めており、戦争継続を求めていないと語った。
もしソ連と中国とが戦争継続を有利と考えるなら、労働党中央委員会はどのような困難も克服し、自己の立場を維持する、と」

北朝鮮の指導者金日成は、ソ連によってつくられました。しかし、スターリンと金日成は、朝鮮戦争を行なっていく過程でいくつかの根本的相違がありました。そして、誰の目から見ても、北朝鮮が軍事的に韓国を制圧する道がない状況下、北朝鮮には戦争継続の意味はありません。金日成が戦争を止《や》め、国内建設に向かいたいと思うのは当然です。しかしスターリンがそれを許しません。当然、北朝鮮とソ連の間に溝ができます。

スターリンの死去によって、休戦への動きが進展します

年表で見てみます。

【一九五三年三月から八月の動向】
五三年　三月　五日　スターリン死去
三月　十九日　ソ連閣僚会議、従来の方針を変更、「戦争を終わらせる必要」を決議
四月　十一日　朝鮮休戦会談で傷病捕虜の交換協定調印

七月二十七日　朝鮮戦争休戦協定に調印
八月　　六日　李承燁《イサンヨプ》ら南労党系十二名に反革命罪で有罪判決（注：李承燁は呂運亨の民族主義運動ともかかわりを持っていたとされる）
八月二十五日　許哥而・北朝鮮副首相が自殺と発表（注：許哥而はロシアに移民した朝鮮民族の代表的人物の一人であり、ソ連名はヘガイ。許哥而は「ソ連派〔ソ連の代理人というべき立場〕」の中心人物〔党組織の中核〕）
（トルクノフ著『朝鮮戦争の謎と真実』）

スターリンの死を契機に、金日成は、対立グループの粛清に動きます

金日成は「スターリンの後ろ盾」があって、北朝鮮の指導者になったことを見ました。そして国の創立時期には北朝鮮の指導者として五つの集団があることを見ました。

第一のグループは一九二〇年代、三〇年代にコミンテルンから地下の共産主義集団づくりのために人々派遣された人たち。

第二の集団としては、（中国）延安《えんあん》からやってきた人々。

第三の集団には、地元の民族者。

第四の集団には、朝鮮民族籍のソ連人。

第五の集団には、パルチザン指導者で、金日成等。

創世期にはこうした各グループは各々力を持っていますが、❶戦争遂行過程で指導者に絶対権力が集中すること、および、❷自分を操ってきたスターリンの死、❸それに伴うソ連指導部の軟化姿勢により、金日成は反対派の粛清に動きます。

特に、これまで力を持っていた「国内派」「ソ連派」を粛清していきます。八月六日には、李承燁ら南労党（南朝鮮労働党）系十二名に反革命で有罪判決を行ないました。次いで八月二十五日、「ソ連派」の代表、許哥而北朝鮮副首相が自殺と発表されました。

ソ連からきたグループには、❶もともとソ連の構成民族の一つとして、ソ連の教育を受けてきた通称「ソ連派」と、❷満州でパルチザン活動を行ない、庇護を求めてソ連軍の傘下に入った金日成を長とする「パルチザン派（満州派）」があり、ソ連との関係はあるといっても両者は別物です。

スターリン死亡直後は、「国内派」と「ソ連派」が粛清されますが、後、「延安派」の幹部も粛清されます。

朝鮮戦争でなぜ原爆が使用されなかったのでしょうか。
トルーマン大統領は現地司令官が必要と判断すれば使えるようにしていました

二〇一五年七月「Air & Space Magazine」誌は Carl A. Posey 著「なぜ朝鮮戦争は核（爆弾

使用）にあわや行きそうになったか（How the Korean War Almost Went Nuclear）」を掲載しています。（https://www.airspacemag.com/military-aviation/how-korean-war-almost-went-nuclear-180955324/）

まず、朝鮮戦争で原爆の使用の可能性がどのようなものであったかを見ます。

- 北朝鮮が三十八度線を越えた時から、核（爆撃）は話題に上っていた。
- 朝鮮戦争が始まった頃、プルトニウム型原爆Ｍ４が約三〇〇製造されていた。
- この時期、依然米国は核兵器を独占している状況であった。ソ連の核実験は一九四九年八月に行なわれてはいるが、空中投下は一九五一年になってからである。核兵器は米国原子力委員会が管理し、軍には渡されず、米国外には持ち出されていなかった。
- 一九五〇年七、八月、大統領命令で、核攻撃可能なＢ29をグアムに配備した。ただし爆弾は米国内にある。
- （中国軍は十月中から密かに北朝鮮に兵士を送り込んでいたが、十一月下旬に初めて大攻勢に打って出た）十一月、中国が鴨緑江を渡って北朝鮮に入ったが、中国に対する核の脅しは何ら機能しなかった。
- 十一月、トルーマン大統領は記者会見で、核兵器の使用を含め、朝鮮で勝利するため必要なステップはすべてとる、かつこれらの武器は現地の司令官によって支配されると述べた。五一年四月、核弾頭付き爆弾が沖縄に送られた。

- **総司令官はマッカーサーからマシュー・リッジウエイに交代し、リッジウエイには彼が必要と感じた時には核爆弾を使用する権限が与えられた。**
- 十月、「Operation Hudson Harbor」と名づけた模擬訓練を行なう予定であったが、批判にあい、低レベルのオペレーションとなった。

なぜ原爆が使われなかったのか、この論評を含め、核兵器が使われなかった理由として次のようなことが指摘されています。

- 一九五〇年の上陸作戦以降、北朝鮮に対し、工場、道路、橋など空爆の対象になるものは無制限にほぼすべて爆撃されていた。
- 核兵器の使用が戦争の決定的勝利をもたらすとは見られなかった。
- 朝鮮戦争の最中でも、ソ連を刺激することは、米国も慎重に避けていた。
- 侵入してきた中国に対し、核兵器の使用の脅しが有効に機能するようには見えなかった。中国が参戦に踏み切る際には「アメリカを恐れるな」のキャンペーンが展開されており、当然その中には「アメリカの核兵器を恐れるな」の考えが入れられています。

朝鮮戦争が停戦できた大きな要因はスターリンの死でした。しかしその前にトルーマン大統領がマッカーサーを解任したことでわかるように、戦争末期には米国が終戦を望んでいたことも一因です

一九五一年四月十一日、トルーマン大統領はマッカーサー解任を発表します。極東は自分の領域として自己の見解を強く主張するマッカーサーと、自分は大統領として軍の最高指揮官であると自任するトルーマンとでは、対立が必然でした。直接の原因は、中国国内への攻撃を主張するマッカーサーと、その攻撃に反対するトルーマンの対立です。

次は一方的なトルーマンの説明（一九五四年四月二十四日の回顧）ですが、「朝鮮戦争の終焉」を理解する上で、必読だと思います。（赤木完爾編著『朝鮮戦争』）

私はしばしば中国軍が一九五〇年の終わりに朝鮮に進撃してきたときの情況を思い出す。マッカーサー将軍は中国の「志願兵」が鴨緑江を越えてやってくる一、二カ月前にウェーキ島で私に、そんなことは起こらないと保証した。（中略）

彼は解任されて後、アメリカ合衆国大統領すなわち自分の上官であった合衆国最高司令官が満洲への戦争拡大を彼に許可しなかった事実について論じている。マーク・クラーク将軍の回顧録『ドナウ川から鴨緑江へ』も、朝鮮での「警察行動」は、もし彼と前任者が

満洲爆撃の自由を与えられていれば、極東における勝利した「戦争」になりえたとほのめかしている。

これらの有能な野戦軍指揮官は彼らの戦線を確保して勝つだけでよい。国軍最高司令官はアジア・太平洋のみならず、ヨーロッパ、アフリカ、全南半球、南極、北極まで見る必要がある。

仮に最高司令官が局地的にしかものを見ていない野戦軍指揮官に従った場合にはどうなるか。しかもその野戦軍司令官が間違った情報を信じていた場合に何が起こるだろうか。将軍たちは、満洲の飛行場への二、三発の原爆が鴨緑江に至る朝鮮半島における勝利をもたらします、と言うのだ。

もし（そうした攻撃を）効果あらしめるには、北京、上海、広東《カントン》、奉天《ほうてん》、大連《だいれん》、ウラジオストック、ウラン・ウデも破壊しなければならなかっただろう。

ソ連帝国のヨーロッパ正面ではソ連軍は北海と英仏海峡まで進撃したであろう。我々は手持ちの六個師団で、同盟国とともにその進撃に抵抗しただろう。だが彼らは地上軍で四〇〇万人以上を有していた。それを阻止することはできなかったであろう。

東方において我々は大きな中国の諸都市を一掃し、約二千五〇〇万人の婦女子と非戦闘員を殺すことになったであろう。（中略）私は二千五〇〇万人の非戦闘員の殺戮を命ずることはできなかった。一九四五年に私は日本に原爆投下を命令した。……それは交戦中だった。……それは朝鮮とは全く異なった情況であった。我々は戦争を終わらせ、双方の莫大な数に昇るであろう損害を救ったのだ。
朝鮮において我々は他の一六カ国の同盟軍とともに国連が作り上げた大韓民国を支援して警察行動を戦っていたのだ。(中略)
私は第三次世界大戦への命令を下すことができなかっただけである。私は正しいと思っている。

朝鮮戦争とは何だったのでしょうか。どの国も勝者ではありません。しかし、大きな変化が起こったのは米国です。朝鮮戦争を契機に軍事大国への道を歩みます

海外の本の翻訳表題はしばしば原著と違ったものになります。ジョン・ハリデイとブルース・カミングスの共著は原著では『知られざる戦争(The Unknown War)』です。邦訳は『朝鮮戦争——内戦と干渉』(岩波書店、一九九〇年)となっています。著者たちは何を「知られざる」として訴えたかったのでしょうか。この本は多くの写真を掲載しています。ここでは、北朝鮮の町々が爆撃で跡かたなく破壊されたか、一般市民が戦争でいかに被害にあったかの数多くの写真があります。その中に、本書で紹介したピカソ作《朝鮮の虐殺》が掲載されています。彼らもまた、ピカソの絵が朝鮮戦争の理解に役立つと考えたのです。

この本は最後のほうで、「朝鮮戦争の結果と影響」という項目を立てています。

ここで、「双方（米国側と北朝鮮側）の反応を通じてこの戦争の特異な性格が示されている。**双方とも自分が勝ったと主張しているが、しかし、実際には負けたのは自分だと思っているらしいのである**」と指摘しています。

米国にとって、朝鮮戦争は「忘れ去られた戦争」です。勝利したのなら忘れ去られるはずがありません。

北朝鮮は「米国に初めて大敗北を味わわせた」と言っていますが、引き分けに持ち込めたのは、北朝鮮自体の力ではなく、中国の義勇兵に負うところが多いのです。

まさにこの戦争は、「引き分けのための戦争（War for tie)」です。

ジョン・ハリデイとブルース・カミングスの共著『朝鮮戦争——内戦と干渉』は、次のように記述しています。

　どちらの側も明白な勝利を収めなかった。これが事実である。双方とも勝ったが、負けもしたのである。

　しかし、政治的結果、軍事的結果は、必ずしも双方同じというわけではなかった。戦争は何よりも南北両方の朝鮮民族にとって、癒《いや》しがたいほどの災厄だった。**内戦は南北の知識人の努力によって終結したのではなかった。外からの介入によって凍結されたのである。**

米国の論客のうちで最も公平な見方をする一人ロバート・シモンズは次のように書いて

いる。「朝鮮の内戦への米国の介入は、米国と朝鮮半島の両方に破壊的な結果をもたらした。早期の、そして（朝鮮戦争前には）**比較的流血の少ない再統一の可能性は存在したのだが、これが大虐殺に転じてしまったのである**」。

朝鮮戦争前、日本が降伏した直後、ソ連軍と米国軍が入って各々が軍政を敷く前、民族主義を基礎に統一政権をつくるチャンスがありました。

さらに一九四八年、ソ連軍と米軍の主力が撤退した時もそのチャンスがありました。もし、北朝鮮と南朝鮮の指導者たちが、民族主義という共通の信条を基盤に、妥協を求める政治姿勢を持っていたら、南北統一は決して夢物語ではなかったでしょう。しかし、米ソ双方の軍政が敷かれ、米ソ双方が傀儡《かいらい》として使えると思った人物を指導者に抱いたがゆえに、悲劇が起こりました。

朝鮮戦争が関係国にもたらしたものには様々なものがあります。『朝鮮戦争――内戦と干渉』は、関係国について分析していますが、私には、次の指摘が極めて新鮮でした。

朝鮮戦争は西側世界全体に巨大な影響を与えた。

ディーン・アチソンによると、朝鮮戦争は「トルーマン政権を破壊した」、また米国ほど直接的ではないが、英国の労働党政権と一九四五年以来の労働党の計画を破壊した。しかし面白いことに、アチソンは朝鮮戦争が「良い時期に起こり米国を救った」という見方に同意もしているのである。

チャーチルは休戦成立直前に、彼独特の表現でこう言ってのけた。

「朝鮮戦争はいまやもう問題ではない。私は七十二歳になるまで朝鮮のことなど耳にしたことはなかった。**朝鮮戦争の重要性は米国に再軍備させたことにある**」

朝鮮戦争は実はＮＡＴＯの軍事力増強、そして西側主要諸国全体の軍事予算大増加の決定的要因だったのである。米軍は朝鮮戦争中に兵力一五〇万から三五〇万に増強され、国防予算は一九五〇年の一五〇億ドルから五〇〇億ドルに増加した。


朝鮮戦争は決してソ連が裏にいて、金日成をそそのかして起こった戦争ではありません。金日成の「これは内戦、すぐ終わる」という台詞に、スターリンと毛沢東が押されて発生したものといえます。

しかし、この戦争が契機になり、冷戦体制ががっちりと世界に定着しました。米国では軍産複合体が国を掌握するようになりました。リベラル志向が後退し、「全体主義的民主主義」が自由主義陣営の基本的考えになりました。

朝鮮戦争像は歪んだ像です。そしてその歪んだ脅威を基礎にしてつくられた社会は歪んだ社会になりました。例えば、次の人々が「マッカーシズム」「赤狩り」で糾弾されました。
・チャールズ・チャップリン（俳優・監督。『キッド』『黄金狂時代』『街の灯』『モダン・

タイムス』『独裁者』『ライムライト』など。一九五二年、司法長官が事実上の国外追放命令）

・ジョン・ヒューストン（監督。『赤い風車』『許されざる者』『荒馬と女』など）

・ウィリアム・ワイラー（監督。『ローマの休日』『大いなる西部』『ベン・ハー』など）

こういったことを思うと、彼らが社会に与えたプラス面と、彼らが共産主義者であったり共産主義への協調者であったことで社会に与えた害（この害は実際に起こした害でなく将来起こしうる害です）の比較では、圧倒的に前者が大きいという事実を考えなければならないと思います。

［第四章］

日本の関与と、警察予備隊形成過程での日本の民主主義崩壊

1950年8月10日、GHQのポツダム政令の一つである「警察予備隊令」（昭和25年政令第260号）が公布された

写真提供：共同通信社

戦後米国は占領軍の圧力で日本に対して、
❶国権の最高機関を国会とする、
❷すべての基本的人権を保障する、
❸戦争を放棄する、を押し付けましたが、
朝鮮戦争で、米国は逆に強権力でもってこれを引っくり返します

日本は戦後、一九四六年十一月三日に新憲法を公布、一九四七年五月三日に施行しました。この憲法は様々な要素を含んでいますが、大きな柱は、❶国権の最高機関を国会とする、❷国民は、すべての基本的人権の享有を妨げられない、❸戦争を放棄し、「陸海空軍その他の戦力は、これを保持しない。国の交戦権は、これを認めない」としたことです。

冷戦の深化によって、米国は日本を極東の拠点として、戦争しうる国にしようとします。そのため、次第次第にかつて戦争に導いた人々を、政界、官界、報道の分野で復権させ、人権擁護などを強力に推し進めようとする人々を排斥し始めます。しかし、まだ、国会は国権の最高機関ですし、露骨な人権無視は行なわれていません（対共産党や労働組合の弾圧は起こっていますが）。日本人が戦争に進む可能性もありませんでした。

しかし、朝鮮戦争の勃発とともに、この三つが崩壊していくのです。

実は占領軍に統治され、民主化の方向に進んだ日本は、根本的な欠陥を持っています。この点

は、海外の識者が鋭く指摘しています。

ジョン・ダワーは一九九九年『敗北を抱きしめて』（岩波書店、二〇〇一年）で、ピューリッツァー賞を受賞しました。この中で、次を記しています。

占領当初、アメリカ人達は「非軍事化および民主化」という、樹木の根と枝の関係に似た改革プログラムを日本に押しつけた。それは独善的で、全く空想的な、あらゆる意味で傲慢な理想主義の、めったにない実例というべきものであった。**それからアメリカ人達は、日本を去る時に方向を逆転させた。日本社会の中で自由主義的傾向が少ない連中と協力して、この旧敵国を再軍備し、冷戦の従属的パートナーとしはじめたのである。**

同じことを、英国人記者オーナー・トレイシーが述べています。トレイシーは一九一三年生まれ。第二次大戦開始とともに、英国情報部局で働き、一九四一年情報省で日本専門家として勤務。そして一九四八年英国の「タイムズ」特派員記者として日本に八カ月滞在し、『カケモノ』（文藝春秋新社、一九五二年）を出版しました。ここで次のように記しています。

日本の民主化とは、何を意味するか。人民の大多数の意思による国家の政治という意味でないことは、明白に分かった。誰かがそれを何回かにわけて、文書または口頭の指令として、日本人に与えている。**日本の指導者達は、これを侵犯すれば解職になるという条件**

付きで、指令を実行するように強要されていた。それゆえ、日本の民主主義は、実際には日本の専制政治だ。

ダワーもトレイシーも「独裁的権力で日本に民主主義を押しつけた」としています。朝鮮戦争が起こって、今度は独裁的権力で日本を逆の方向に導きます。つまり、朝鮮戦争で、❶国権の最高機関を国会とする、❷国民は、すべての基本的人権の享有を妨げられない、❸戦争を放棄する、これらを捨て、逆の方向に歩みます。どなたが名づけたのか、「逆コース」はピッタリの表現です。しかもこの逆コースは、自分たちの選択ではなくて、米軍の力を恐れての実施です。

この大変革の中、報道機関は三〇〇人以上の人を「共産党員ないしその同調者」として解雇します。この時期共産党は激しい路線闘争を行なっています。確かにソ連と中国共産党の指示を受け入れ、「武装の準備と行動を開始しなければならない」とする勢力はいました。しかし、「それを是《ぜ》としない」グループもいました。新聞社にいて、共産党に同調した人で、暴力革命を選択した人はどれくらいいたでしょうか。たぶんわずかでしょう。

マッカーサーは共産党員、及び同調者に対する解雇を要請します。これに日本の主要な新聞社をはじめとする報道機関は抵抗しません。逆に米軍を恐れました。したがってこれから数年は、日本では真実を新聞が伝えない、したがって国民は事実を知らない時代が続きます（注：冷戦時代チェコのジョークに「サッカーの点数が報じられたら一〇〇％信じていい。天気予報は五〇％、政治の記述は〇％」というのがありました）。

日本人の多くは、日本は軍事的に朝鮮戦争と無関係だと思っていると思います。しかし、朝鮮戦争の動向を左右する局面、具体的には釜山橋頭堡の防衛、仁川上陸作戦で、広い意味の軍事協力をしているのです。

一九五〇年六月二十五日、北朝鮮が三十八度線を越えて攻めてきました。米軍は緊急に部隊を派遣しますが、どんどん押し込まれます。そのため、最終的に釜山近辺に釜山橋頭堡を造ります。ここが陥落すれば、朝鮮半島は北朝鮮が支配するという状況が生まれていたかもしれません。船員、武器弾薬などを緊急に輸送する必要がありました。これに日本の船舶が使われます。船員は当然、日本人です。戦争では兵隊、武器等の輸送は極めて重要な役割を担います。

さらにマッカーサーが誇る仁川上陸作戦がありました。潮の満ち引きの関係上、上陸作戦に使える日はわずか三日間です。まず、日本人は戦車・兵士を運んだ戦車揚陸艦（LST：Landing Ship Tank）に従事しています。さらに北朝鮮側は海に機雷を敷設していますが、この機雷の除去に海上保安庁が直接関与しているのです。

朝鮮戦争への関与：輸送面での協力❶

朝鮮戦争の日本人の関与は極秘扱いなので、ほとんど報道されませんでしたが、死者が出ています。

一九七七年朝日新聞は、二二一名の「戦死者」について報道しています一九七七年四月十八日付の朝日新聞は、次のことを報じています。

- 「朝鮮戦争に邦人『戦死者』」

「極秘、二七年目に明かす。元神奈川県の職員、米軍艦船乗り組みの二二人、元山沖付近で触雷沈没」

- 朝鮮戦争での幻の日本人「戦死者」の存在が、このほど初めて明らかになった――。「戦死者」は朝鮮戦争ぼっ発から約五カ月後の昭和二五年十一月十五日、朝鮮海域で触雷沈没した米海軍LT（大型ひき船）六三六号（注：当時は港を出入りする米艦船のえい航や、兵員や軍需物資の運搬をしていた）に乗り組んでいた日本人船員二二名である。すべてが「極秘」扱いとされ、一切がやみからやみに処理され、沈没事故があった事実さえ、隠されたままだったが、当時、この問題の日本側窓口だった元神奈川県職員が（中略）、当時の報告書の控えを明らかにしたからだ。
- この事実を明らかにしたのは、（中略）佐川彌一さん。朝鮮戦争当時、神奈川県船舶渉外労務管理事務所長だった。
- （犠牲者の一人であるIさんの未亡人の話によると）機関長をしていたIさんは戦前、商船の乗組員をしていたため、「徴用されるようにして」米軍に労務提供させられ、東南アジアや朝鮮半島に行っていた、という。

日本人が米軍で働き、かつ死者まで出しているのです。

朝鮮戦争への関与：輸送面での協力❷　商船三井の社史の中で、自社の船「高砂丸《たかさごまる》」が米軍に徴用された模様を書いています

大阪商船三井船舶株式会社は『商船三井の百年　風濤の日日』（財団法人日本経営史研究所編、大阪商船三井船舶、一九八四年）の中で、自社の船舶が米軍に徴用された模様を書いています。

米軍が朝鮮戦争で日本海運の協力を得たことはあまり知られていない。日本側にも記録が残っていないのである。

たとえば、高砂丸（総トン数九三四七トン）が、（昭和）二十五年二月にソ連からの帰還業務を終え、その次は二十八年二月から中国からの引揚げにあたったことはすでに説明した。ところが、高砂丸の記録のうち二十五年二月から二十八年三月（注：スターリンの死亡はこの月。世界はスターリンの死により朝鮮戦争は実質的に終了と受けとめました）までの約三年間はブランクとして残っているのである。大阪商船にも一切の記録が残されていない。

二十五年六月に始まった朝鮮戦争は、二十八年七月に休戦協定が結ばれるまで続いたが、

この間が高砂丸の空白期間と重なる。当時、高砂丸に乗り組んでいた人の記憶によると、戦争が勃発した日、舞鶴《まいづる》に停泊中だった高砂丸はただちに佐世保《させぼ》に回航せよとの米軍命令を受け、六月二十九日に佐世保に入港、以降、米軍の輸送にあたった。

また先にふれた大阪丸も米軍輸送にあたった。同船は南米航路に回航するため神戸の三菱造船所で停泊を続けていた。船長は安藤純一である。そこに「出航準備できしだい大阪に回航せよ」との指示が届いた。大阪港に着くとアメリカ軍人がやってきて、ただちに釜山に行けという。

会社の正式の記録に残っていなくとも、船は米軍に徴用され、たぶん、乗組員もそこで働いていたのでしょう。同様の社史に一九五六年発行の日本郵船の『七十年史』(日本郵船株式会社)がありますが、ここには朝鮮戦争関連で米軍に協力したとの記述は特に見当たりません。

朝鮮戦争への関与：輸送面での協力❸

当時の船員川村喜一郎氏も、著書『日本人船員が見た朝鮮戦争』(朝日コミュニケーションズ、二〇〇七年)**に、次のように記述しています**

MSTS　FAREASTはアメリカ海軍の極東方面における、後方支援輸送船隊である。

その所属船舶は、客船、貨物船、油槽船など計二四隻であり、乗務員はアメリカ人と日本人の混乗である。日本人船員の雇用主は日本政府の業務を代行する神奈川県庁であり、管下の船舶渉外労務管理事務所が各船員の乗下船を管理した。

私たちはすでに、朝鮮戦争当時、神奈川県船舶渉外労務管理事務所長が、日本人戦死者のことを述べているのを見ましたが、神奈川県が日本人の協力を最も知っていたのかもしれません。

朝鮮戦争への関与：輸送面での協力❹
NHKスペシャルは二〇一九年二月三日放送の「朝鮮戦争秘録――知られざる権力者の攻防」で、「日本人二〇〇〇人軍事作戦従事」を報道します

報道内容は、次の内容を含んでいます。

- 日本人二〇〇〇人の参戦は、米軍を中心とする「国連軍」の仁川上陸作戦（一九五〇年九月十五日）において、戦車・兵士を運んだ戦車揚陸艦（LST）に従事したもの。
- 日本人が運航したLSTは三〇隻、全体の六割。
- 現地の地理を熟知している日本人船員を、マッカーサーGHQ総司令官が日本商船管理局に命じて招集。

朝鮮戦争への関与：輸送面での協力❺

海上輸送での参加がどうであったかを『戦史研究年報　第11号』（防衛省防衛研究所、二〇〇八年）掲載の石丸安蔵《いしまるやすぞう》著「朝鮮戦争と日本の関わり――忘れ去られた海上輸送」で見てみたいと思います

- 開戦に伴い、日本に駐留していた占領軍を、迅速に朝鮮半島に輸送する必要があったにもかかわらず、アメリカ軍にはこれらの兵員、物資を輸送するのに十分な船舶がなかった。
- （その解決策は）日本政府に貸与していたＬＳＴ（Landing Ship Tank：戦車揚陸艦）や、日本の商船を利用することであった。これらのＬＳＴは日本人が乗り組んで運航していた。
- 一九四五年九月三日、日本船舶（一〇〇総トン以上）はアメリカ太平洋艦隊司令官の指揮監督下に置かれることとなり、その管理は当初ＧＨＱ艦隊連絡部が担当していた。十月十日、ＧＨＱにＳＣＡＪＡＰ（Shipping Control Authority for Japanese Merchant Marine：日本商船管理局）という組織が新設され、日本艦船の運航、新造、改造、修繕、処分などを総括的に管理する体制が整えられた。

- 四九年十月、ＭＳＴＳ（Military Sea Transportation Service：軍事海上輸送部隊）が正式に設立された。
- ＳＣＡＪＡＰの船舶を指揮していた第九六・三任務群指揮官は、（中略）日本人乗員の船舶を海上輸送のために提供すること、日本人乗り組みのＬＳＴを水陸両用作戦に提供すること、指定された海上輸送を統制することなどの任務が付与された。派遣部隊と装備を積んで朝鮮へ航海した最初のＳＣＡＪＡＰの船舶は、戦車と車両を積んだＬＳＴＱ０５８号（ＬＳＴ６４９）、二五〇〇人の部隊を乗せたTakasago Maru（高砂丸）、（中略）であった。一九五〇年七月十日における日本船舶のチャーター隻数は二九隻、七万四〇〇〇容積トンであったが、五日後には四〇隻にまで増加していた。
- 仁川上陸作戦において九月十四日から二十五日の間、第九〇任務攻撃隊の用兵指揮下に組み入れられた日本商船はFukuju Maru（福寿丸）、Shonan Maru（松南丸）、Fuju Maru（不明）、Kaiko Maru（海光丸）、#15 Hino Maru（第十五日の丸）、Senyo Maru（扇洋丸）であった。

朝鮮戦争への関与：掃海艇

朝鮮戦争で日本は、米国司令官、英国司令官の指揮下に入って掃海活動に従事します。

完全な軍事行動に参加したのです。

しかし吉田首相は海上保安庁長官に活動を極秘にするように命じており、その活動の詳細は、日本では長く知られていませんでした

二〇〇五年発行『戦史研究年報　第8号』（防衛省防衛研究所）掲載、鈴木英隆著「朝鮮海域に出撃した日本特別掃海隊——その光と影」は、朝鮮戦争で海上保安庁が行なった掃海活動を詳しく記載し、活動決定の経緯についても、次のように記しています。

日本掃海艇の朝鮮海域派遣の要請について、**大久保長官から報告を受けた吉田首相は「わかった。出しましょう。国連軍に協力するのは日本政府の方針である。ただし、掃海隊の派遣とその行動については、いっさい秘密にするように」**と述べた。

当時、新憲法が制定されて三年、戦時下の朝鮮水域への掃海艇派遣は憲法第九条に抵触する恐れがあり、表ざたになれば政治問題化することは十分に予想され、具体化しはじめていた講和条約締結問題に悪影響を及ぼす可能性があった。

まさに**隠蔽して対米協力の軍事行動をしているのです。**さらに鈴木氏は、掃海の状況を次のように記しています。

> 日本特別掃海隊は、占領軍の要請により、五〇年十月初旬から十二月中旬にかけ、四六隻の日本掃海艇、一隻の大型試航船、及び**一二〇〇名の旧海軍軍人が元山、仁川、鎮南浦《ちんなんぽ》、群山《クンサン》の掃海に従事**して、三二七キロメートルの水道と六〇七平方キロメートル以上の泊地を掃海し、機雷二七個を処分したものの、掃海艇一隻が触雷・沈没し、死者一名重軽傷者一八名を出したものである。

第二次大戦中、日本は米軍上陸を阻止するために機雷を敷設したのですが、戦後、旧軍の人々が掃海に従事します。その状況は「（日本において）掃海従事者は四六年二月の旧職業軍人公職追放令からは除外されたものの、（中略）翌年（注：四九年）三月末には約一四〇〇名となった」「一方、掃海艦艇の隻数も、（中略）四七年十二月末には四五隻となった。その後米国海軍が傭入していた掃海艇の返還等により、五〇年六月には七九隻に増加し、朝鮮戦争を迎えることとなる」と記載されています。

朝鮮半島での機雷敷設については「七月十日、ウラジオストックから、ソ連製の機雷が東海岸の鉄道によって南方に輸送された。以後、国連軍側が鉄道を破壊する以前に、約四〇〇〇個の機雷が元山を経由して運ばれ、八月一日以前に元山及び鎮南浦において機雷敷設が開始された」としています。

実際の掃海作業について次のように記載しています。

・**仁川上陸作戦においては、（中略）九月二十六日から十月二日までの一週間の間に、朝鮮半島東海岸で触雷により米国掃海艇一隻が沈没、米国駆逐艦、韓国掃海艇など四隻が大破し、機雷の脅威が大きく見直されることになる。**

・高い練度を持つ大きな掃海部隊がたった一つあった。それは海上保安庁の掃海部隊であり、東京湾口、銚子《ちょうし》沖、佐世保港外を含め日本内地の沿岸航路や瀬戸内海の掃海作業に従事していた。

・九月二日、米極東海軍参謀副長アーレイ・バーク少将は、海上保安庁長官大久保武雄を極東海軍司令部に呼び、元山上陸作戦を行なうためにより多くの掃海部隊が必要であり、さらに元山以外の主要港湾の掃海も必要であること、国連軍が困難に遭遇した今日、日本掃海隊の助力を借りるしか方法がないことを述べ、日本掃海隊の派遣を要請した。

・**朝鮮戦争下の掃海作業は戦闘行為であり、海上保安庁法第二十五条には海上保安庁は非軍事的部隊であると明記されてあった。**

・日本としては講和条約の締結前で国際的にも微妙な立場にあったので、この日本特別掃海隊の作業は秘密裡に行なうこととなった。大久保長官は十月二日付で、「米側の指令により朝鮮海域の掃海を実施することとなるにつき、掃海艇二〇隻を至急門司《もじ》に集結せしめよ」との命令を発した。

・（十月）二十一日から米軍の命令どおり湾内水路と泊地の掃海を開始した。結局、元山港が啓開されたのは二十五日であり、米軍の元山上陸が行なわれたのは計画より六日後の二十六日であった。

・元山における日本特別掃海隊は、十月十日から十二月四日までの掃海作業において、（中略）計八個の機雷を処分し、ＭＳ（Mine Sweeper：掃海艇）一隻を失い、死者一名、重軽傷者一八名を出した。

この論文においては、元山の他、仁川、海州《ヘジュ》、鎮南浦、群山での活動を記載しています。この時には、米軍、英軍、韓国軍の指揮下に入っています。

日本の参戦については「日本人が入ってくるなら、私は北朝鮮と戦うのを止《や》めて、日本人と戦う」と述べた韓国の人もいます。かかる朝鮮人の感情を配慮すると、参加は無理であったという説明もあります。ただし仁川上陸作戦においては、日本人と協力した韓国軍人は、日本の貢献を評価しています。

朝鮮戦争勃発と警察予備隊の創設❶

朝鮮戦争の動向と警察予備隊創設の相関関係

朝鮮戦争勃発とともに、警察予備隊がつくられます。
朝鮮戦争の動きとＧＨＱの警察予備隊創設の関連を見てください。

	朝鮮戦争の動向	日本の動向
五〇年六月二十五日	北朝鮮軍、三十八度線突破。韓国・米軍敗走	
二十八日	ソウル陥落	
二十九日	マッカーサー韓国で戦況視察（直ちに一個連隊投入、二個師団への増強を進言）	
七月　一日	第二一連隊、板付飛行場から韓国へ	
三日	第二四師団率いるディーン少将韓国入り（北朝鮮の猛攻）	
八日		ＧＨＱ、警察予備隊創設を命令

二十日――ダレス、日本人の戦争参加検討
二十八日――大田陥落
八月　十日――**レッドパージ開始**
警察予備隊令（法律でなく政令）

私たちは初期の動きだけではなく、中国が朝鮮戦争に参入した時の状況も見ました（168～169ページ）。

五〇年　十月二十五日　中国人民志願軍、朝鮮戦争に参戦
十一月　三十日　トルーマン、朝鮮戦争で原爆使用辞せずと発言
十二月三十一日　マッカーサー、日本の再軍備を示唆
五一年　一月　四日　中国人民志願軍、ソウル再占領
三月　十四日　国連軍、ソウル再奪回
三月二十四日　マッカーサー、中国本土攻撃も辞さずと声明
（トルクノフ著『朝鮮戦争の謎と真実』）

右の二つを見れば、朝鮮戦争で、米軍が厳しい状況にある時と警察予備隊創設の動きとが密接に関係していることがわかります。

朝鮮戦争勃発と警察予備隊の創設❷

警察予備隊創設を求めるマッカーサー書簡、
ここでは「here as elsewhere」の危機に対応するため、
つまり、日本と他地域、当然朝鮮半島を含むことになります

マッカーサーが吉田首相に宛てて、警察予備隊の設立を促した書簡を見てみたいと思います。

書簡では「私は七万五〇〇〇名の国家警察の予備員（national police reserve）を設立する権限を認める」となっているのですが、国立公文書館保管書類「昭和二十五年七月八日付吉田内閣総理大臣宛連合国軍最高司令官書簡」では、なぜそれが必要なのかの理由は、邦訳からはよくわかりません（意図的に曖昧にしたのかもしれません）。

国立公文書館保存の英文を見てみます。

To insure that this favorable condition will continue unchallenged by lawless minorities, **here as elsewhere** committed to the subversion of the due processes of law and assaults of opportunity against the peace and public welfare,

ここで、「here as elsewhere」をどう解釈するかです。ある訳文は、かなり踏み込んで、「**日**

本のみならず、いたるところにおいて法の正当な手続きを覆し、平和と公共の福祉に反するような攻撃の機会を狙う不法な少数者から挑戦されることなく、以上のような好ましい状態（国内治安が良好）を安全に維持するため」としていますが、たぶん、この踏み込んだ訳のほうが正しいと思います（注：当時の新聞を見ますと、マッカーサー書簡の内容は概略的に説明され、here as elsewhere の部分は明確に出てきていません）。

この解釈に従えば、マッカーサー書簡は、警察予備隊を朝鮮半島に使う可能性を含んでいます。マッカーサー書簡のこの部分を念頭に置きつつ、警察予備隊設立についての各解釈を見てみたいと思います。

〈解釈1〉 一九五〇年七月九日付、朝日新聞（マッカーサー書簡の全文と「解説」）

「これが国防軍の創設や警察国家への逆転などと全く関係のないことは政府のくり返し強調するところである」（注：ここでは「軍」の復活でないことを強調していますが、その後の動きを見れば、この「解説」は間違っています）

〈解釈2〉 吉田茂（当時の首相）（『回想十年〈第二巻〉』新潮社、一九五七年）

「要請の目的そのものは、だれにもすぐ諒解された。すなわち朝鮮戦争のため前線に移動した米軍部隊の欠陥を補い、国内治安維持の実力を強めんとするものと解された」（注：吉田首相は掃海実施について秘密にすることを命じています。つまり対米協力の部分は意図的に外しています。この発言を見れば、マッカーサー書簡の「here as elsewhere」に関する部分を見事に避けています)。

〔解釈3〕 増田弘《ますだひろし》(『自衛隊の誕生』中央公論新社、二〇〇四年)

「『警察予備隊』→『保安隊』→『陸上自衛隊』と変遷する陸上部隊の最大の特色は、終始一貫して『米国軍事顧問団』が編成、訓練、装備、統制など、あらゆる面で指導ないし監督をしたことである」

〔解釈4〕 葛原和三《くずはらかずみ》(「朝鮮戦争と警察予備隊」『防衛研究所紀要〈第八巻第三〇号〉、所収』二〇〇六年三月)

「軍事顧問団の参謀長になったフランク・コワルスキー大佐は、後に回想において、『軍隊の健全な発展を阻害することに鑑み、マッカーサー元帥は憲法の一部を改正すべきであった』と述べている」

この一連の解釈を見て不思議なことがあります。

GHQが警察予備隊の設立を求めた時は、まさに北朝鮮が三十八度線を越えて攻撃してきた時です。米軍はこれに対抗する軍事力を、いかにして朝鮮半島に送るかが問われています。そして米軍の戦力が不足しているのです。

マッカーサーが「日本のみならず、いたるところにおいて法の正当な手続きを覆し、平和と公共の福祉に反するような攻撃の機会を狙う不法な少数者から挑戦されることなく」という書簡を送ってきている以上、朝鮮戦争と警察予備隊の設立の関係は、もう少し検討しなければならないのです。

しかし、その後日本では一貫して、吉田首相流の解釈「要請の目的そのものは、だれにもすぐ諒解された。すなわち朝鮮戦争のため前線に移動した米軍部隊の欠陥を補い、国内治安維持の実力を強めんとするものと解された」との説明だけで済まされてきています。

朝鮮戦争勃発と警察予備隊の創設❸

米国は日本人を朝鮮戦争に使うことを真剣に考えます。ダレス国務長官顧問（対日の実質的責任者）と米国国務省の頭脳集団、政策企画部が日本の軍事力の利用の形態を協議しています

七月八日、マッカーサーが吉田首相に警察予備隊の設立を指示し、八月十日警察予備隊令（政令）が出るまでの微妙な期間に、米国国内では、いかに日本人を戦争に参加させるかを論議しています。

ダレスはこの時期「国務長官顧問」です。「顧問」の権限は不透明ですが、実質的に対日政策

の責任者といっていいでしょう。そのダレスは、「日本人が個人の資格で国連軍に参加する」という案を提示します。これに対して、国務省の政策企画部は、「連合国軍最高司令官が雇う」案を示しています。いずれにせよ、米国国務省内で「日本人をいかに朝鮮戦争で使うか」を論議している時に、警察予備隊が発足していくのです。

〔関連資料1〕ダレス発国務省政策企画局長へのメモランダム（一九五〇年七月二十日）

「現在取りうる可能性としては、**国連憲章第四十三条に従って日本人が国連軍へ編入できるようにすることが考えられる。**思うに、国連憲章第四十三条には（たとえ日本が国連加盟国でないにしても）個々の日本人の国連軍参加も含まれると推察される」（大嶽秀夫《おおたけひでお》編・解説『戦後日本防衛問題資料集〈第一巻〉』三一書房、一九九一年）

〔関連資料2〕国務省政策企画部局スタッフメモランダム（一九五〇年七月二十六日）

「然るべき条件に合致した**日本人が占領軍において軍務に携わる**ことをＳＣＡＰ（Supreme Commander of the Allied Powers：連合国軍最高司令官）が承認する等の代替案が考えられよう」（同前）

ダレスは、朝鮮戦争でも、国務省内でかなり重要な役割を演じているようです。驚くことに、朝鮮戦争が始まる五日前の六月二十日に、三十八度線を視察しています。

ダレスがやりとりした国務省政策企画部長のポール・ニッツェは、一九五〇年一月からこの役職に就任しています。ジョージ・ケナンの後任です。ケナンは、自分の追放にはダレスが関係していると見ています。この対立は個人的なものではなく、米国一国主義による「巻き返し」路線と、「封じ込め（対ソ連・中国への軍事介入に慎重）」路線の対立なのです。

朝鮮戦争勃発と警察予備隊の創設❹

警察予備隊の中心で働いた人々、後藤田正晴（後に官房長官）、内海倫（後に防衛事務次官）、加藤陽三（後に防衛事務次官）は警察予備隊が朝鮮戦争に持っていかれることを心配していたのです

警察予備隊は、その後自衛隊になっていきますが、一応〝警察〟予備隊です。したがって、警察予備隊の運営の中核は、警察官僚が担います。

この当時警察予備隊の中心にいて、この組織が場合によっては朝鮮戦争に使われることに対し、不安を持っていた人物は少なくとも三名います。後藤田正晴、内海倫、加藤陽三氏です。

〔ケース❶〕　**後藤田正晴**（一九三九年に内務省に入省。一九四〇年三月、陸軍に徴兵され、一九四一年十月には陸軍主計少尉に任官。台北で終戦、中国国民政府軍の進駐により、翌一九四六

年四月まで捕虜生活。一九六九年警察庁長官、一九八二年第一次中曽根《なかそね》内閣で内閣官房長官。警察予備隊設立時には、警備課長）

（「アメリカの本当の狙いは何だったと思われますか」との質問に答えて）部隊の性格は、米軍のあとを埋めての警察の支援部隊としての警察予備隊ですが、指令が内閣を経て私のところ（注：警察予備隊警備課長）に回ってきたんです。私は編成担当ですから編成表を見た。そのとき私は、これはアメリカの歩兵師団そのものだな、とすぐわかった。（中略）

その中に、冷凍中隊というのがある。これはわからなかったんです。何かなと思って聞いてみたら、戦死者の内臓を取って冷凍して本国に送るんですね。火葬しない。文字通りこれは野戦に連れていく予定ですよ。それで僕らも最初から、マッカーサーは、朝鮮で手こずっているから俺らをまた連れて行くんじゃないか、と思ったんですよ。（後藤田正晴『情と理――後藤田正晴回顧録〈上〉』講談社、一九九八年）

〔ケース❷〕内海倫（一九四一年に内務省に入省、海軍主計少佐、警察予備隊本部警務局教養課長、一九七〇年防衛事務次官）

後藤田さんが「内海君、一遍アメリカの倉庫（予備隊用）を見せてもらわにゃいかんな」ということで、そのことをＣＡＳＡ（民事局別室）に申し入れた（注：装備はすべて米側が準備）。視察した人達の報告をまとめてみると、たとえば**七万五千人の隊員に対して、七万五千着の一人用テントが山ほど積んであるとか**、食糧品の何とかは二十万人分とか、薬品は怪我をした時の包帯などや、**防毒用のサックが何万ダースとか用意されている。要するに、戦地へ行った場合に病気にかかったりしないように。**

要するに、アメリカの海外に派遣する軍隊が用意するものが、武器は別として警察予備隊の装備品として用意されていることは、まかり間違ったら朝鮮戦線に持っていくくらいのことを考えてのものかと僕らは想像したけれども、然し、表ではアメリカは決してそういうことはいわない。どう考えても警察予備隊、あるいは、大きな警察を作るのではなくて、野戦に対応できる、第一線で戦争できる武力組織をつくるとしか考えられない。（防衛省防衛研究所戦史部『内海倫　オーラル・ヒストリー』防衛省防衛研究所、二〇〇八年）

〔ケース❸〕加藤陽三（一九三四年内務省入省、一九五〇年八月警察予備隊本部人事局長、一九六三年防衛事務次官）

「二時半、ＧＨＱ（連合国軍最高司令部）のＰＳＤ（公安課、Public Security Division）に招致され、初めて予備隊について説明を聞いた。**軍隊といってよい。しかも米国の要請に応じて使用される虞《おそ》れが多分にある**」（一九五〇年七月二十一日付日記）

「午後、**労働大臣（保利茂《ほりしげる》）官邸で昨夜に引き続いて予備隊の問題を審議した。自分はこれが米国の傭兵であってはならないことを主張した。**（同年七月二十五日付日記）（大嶽秀夫編・解説『戦後日本防衛問題資料集〈第一巻〉』）

朝鮮戦争勃発と警察予備隊の創設❺

警察予備隊をつくる時、なぜ法律でなく、政令でなされたか［この問題がなぜ深刻か］

この問題は極めて重要です。そこで本書の「はじめに」で書いたことを、再度見てみたいと思います。

七月八日、マッカーサー元帥は吉田首相に「事変・暴動等に備える治安警察隊」として、七万五〇〇〇名の「National Police Reserve」の創設を求め、八月十日、警察予備隊令（政令）で、警察予備隊を発足させます。

一見、何も問題ないようですが、実は、日本の在《あ》り様《よう》に大きな問題を与えています。米軍の指示の下でつくった憲法は、「国会は、国権の最高機関であつて、国の唯一の立法機関である」としています。だが、警察予備隊は国会での討議なしの「政令」で実現されているのです。それも米軍は、浅沼稲次郎日本社会党委員長らを威嚇して国会審議をさせなかったのです。

日本国憲法の一番重要なところは、第四十一条【国会の地位】「国会は、国権の最高機関であつて、国の唯一の立法機関である」であろうと思います。

しかし政令、つまり内閣でつくるということは、この憲法の条文に反することです。しかも、米国側の意図は、警察予備隊に関与していた人の感触では、警察予備隊は朝鮮戦争に持っていかれる可能性があったのです。

そのことは憲法九条に違反する可能性のある行為だったのです。九条は「武力による威嚇又は武力の行使は、国際紛争を解決する手段としては、永久にこれを放棄する」「陸海空軍その他の戦力は、これを保持しない。国の交戦権は、これを認めない」とありますから、朝鮮戦争に「警察予備隊」が参加するのは、あるべきはずのない行動です。したがって本来は国会でしっかり議論すべき問題でした。しかしそれはなされませんでした。

朝鮮戦争勃発と警察予備隊の創設❻
警察予備隊をつくる時、なぜ法律でなく、政令でなされたか［米側の説明］

読売新聞戦後史班編『「再軍備」の軌跡』（読売新聞社、一九八一年）は、次を記述しています。二回目の秘密会議でのコートニー・ホイットニー発言です（注：ホイットニーはGHQ民政局局長）。

われわれが法律でなく政令で、というのは（日本）政府の措置を推進し、**国会審議の過

程で生ずる遅延や政治的圧力を避けるためである。

では、なぜ「遅延」が問題なのでしょうか。それは、朝鮮戦争に参加させる体制をつくることが目的だったからではないでしょうか。

この当時「政令」をつくるのに関与した加藤陽三氏（当時、国警本部総務部長）は「なぜ法律にのっとった正規の組織にしないんだって、ずいぶん上司にかみついたものです」と述べています。（『「再軍備」の軌跡』）

朝鮮戦争勃発と警察予備隊の創設❼
警察予備隊をつくる時、なぜ法律でなく、政令でなされたか［GHQは野党に圧力］

一九五〇年七月、占領軍は、野党にも工作を行ないました。七月十三日付朝日新聞は、次のように報じています。

社会党の浅沼委員長と、国民民主党苫米地《とまべち》（義三《ぎぞう》）最高委員長がウイリアムス民生局国会担当課長と会い、ウイリアムス課長は次のように発言している。「警察予備隊創設に関する一切の事柄は政令によってなされる。この件に関する限り、国会は何らの審議する権限は持たない。**この政令に反対することは最高司令官命令に反するものとみなされる**」。

ここでもう一度年表を見てください。

		朝鮮戦争の動向	警察予備隊等の動き
五〇年七月	三日	第二四師団率いるディーン少将韓国入り（北朝鮮の猛攻）	
	八日		ＧＨＱ、警察予備隊創設を命令
	十三日		浅沼委員長米側に脅かされる
	二十日	大田陥落	
	二十八日		レッドパージ開始（報道関係）
八月	十日		警察予備隊令（法律でなく政令）

レッドパージを見てみます。マッカーサーの「共産分子の排除」の指示に従って、各報道機関は七月二十八日、解雇を申し渡し始め、初日の解雇数だけでも朝日新聞社七二人、毎日新聞社四九人、読売新聞社三四人、日本経済新聞社一〇人、東京新聞社八人、日本放送協会一〇四人、時事通信社一六人、共同通信社三三人に及んだのです。浅沼氏が抵抗すれば当然、政界から追放されていたでしょう。それにしても報道関係者の凄まじい解雇です。

朝鮮戦争勃発と警察予備隊の創設❽

その後、警察予備隊が違憲であるとして日本社会党・鈴木委員長が違憲提訴を行ないます。裁判長は田中耕太郎《たなかこうたろう》で、「司法権が発動するためには具体的な争訟事件が提起されることを必要とする」という判決を出します

サンフランシスコ講和条約は一九五一年九月八日、まだ朝鮮戦争が継続している中で署名され、一九五二年四月二十八日に発効します。ここで米国の占領体制は終わります。しかし、朝鮮戦争は依然、継続しています。

この時期を見て、一九五二年三月、日本社会党委員長・鈴木茂三郎《すずきもさぶろう》が、警察予備隊の違憲提訴を行ないます。

提訴理由は、「政府は警察予備隊の名のもとに警察と称して軍備すなわち戦力を保持している。戦力を保持することは憲法九条第二項に違反する」として、「警察予備隊の組織は（中略）総監のもとに旧日本陸軍類似の階級に分れて統率され（中略）訓練内容は白兵戦、渡河作戦（中略）。など全く戦争のためのもの」である等を指摘しています。（大嶽秀夫編・解説『戦後日本防衛問題資料集〈第三巻〉』三一書房、一九九三年）

これに対し、最高裁判所は一九五二年十月、大法廷で「主文　本件訴を却下する」とし、理由として、「**わが裁判所が現行の制度上与えられているのは司法権を行う権限であり、そして司法権が発動するためには具体的な争訴事件が提起されることを必要とする。**我が裁判所は具体的な争訟事件が提起されないのに将来を予想して憲法及びその他の法律命令等の解釈に対し存在する疑義論争に関し抽象的な判断を下すごとき権限を行い得るものではない」ということなどを述べています。裁判は「この判決は裁判官全員の一致の意見によるものである」としていますが、裁判長は田中耕太郎です。（川添利幸《かわぞえとしゆき》編『憲法重要判例集』文久書林、一九六二年）

この問題は重要なので、憲法の条文を見ながら考えてください。

日本国憲法は、第七十六条で、「すべて司法権は、最高裁判所及び法律の定めるところにより設置する下級裁判所に属する」とし、**第八十一条で、「最高裁判所は、一切の法律、命令、規則又は処分が憲法に適合するかしないかを決定する権限を有する終審裁判所である」**と記しています。通常の人間が読めば、最高裁判所は当然、警察予備隊を決めた政令が合憲か否かを決定する権限を持っていると思います。

ここではあまり、深く論議できませんが、田中耕太郎という人物が最高裁長官であったことで、日本の司法は大きく歪められました。松川《まつかわ》事件、レッドパージ訴訟、砂川《すながわ》事件等の裁判で、疑義のある動きをしていると思います。

私は『戦後史の正体』で、次の原則があると書きました。

「戦前日本を戦争に導いていった人は本来、占領軍によって、戦後の重要ポストから追放される運命にあった。しかし対米追随を明確に示すことによって、枢要ポストを占めることが許された」

これは政界、官界、報道、司法等重要機関すべてに行きわたっています。戦前、治安維持法等に関与した検事が検察のトップになることは考えられません。しかし井本臺吉《いもとだいきち》や布施健《ふせたけし》は「公安検事」であり、弾圧に関与した人々ですが、戦後、検事総長にまでなっているのです。

田中耕太郎は一九三七年、東京帝国大学法学部長に就任し、戦前の体制の中核にいた人物です。通常はこうした人物が戦後最高裁長官になることはあり得ないでしょう。

朝鮮戦争勃発と警察予備隊の創設❾

警察予備隊の違憲提訴についての「司法権が発動するためには具体的な争訴事件が提起されることを必要とする」という判決を憲法学者たちはどのように見ているのでしょうか

長谷部恭男《はせべやすお》東京大学名誉教授は「違憲立法審査権の性格」（樋口陽一《ひぐちよういち》編『憲法の基本判例』有斐閣、一九八五年）の中で、次の解説をしています。

憲法八一条が最高裁に対していかなる形で違憲審査権の行使を認めるかについては、大きく四つの見解を区分することができる。

第一に、（中略）国家行為の合憲性を直接に審査する抽象的違憲審査権が与えられており、特別な手続き法規がなくとも、最高裁はこの権限に基づいて法令等の抽象的な違憲審査が出来るとの説がある。

第二の説によれば、違憲立法審査権は認められているが、その権限を行使するためには、法律でその手続きが定められることを要する。

第三に、憲法八一条は、（中略）抽象的違憲審査権を積極的に排除するものではなく、法律でこの権限を最高裁判所に与えることは許されるとの説がある。

第四説は、憲法八一条は、具体的な訴訟事件の解決を任務とする司法裁判所がその作用を行う前提として、国家行為の違憲審査を行う前提として、国家行為の違憲審査を行う付随的審査権のみを認めるとする。（宮澤俊義《みやざわとしよし》、佐藤功《さとういさお》、清宮四郎《きよみやしろう》、伊藤正巳《いとうまさみ》の文献）

門外漢から見れば、仮に違憲審査権が憲法上あっても、法律がないから行使できないという説なら、本来ある司法の権限を排除する権限を立法機関が持つこととなります。そんなことを憲法が想定しているのでしょうか。

これら学者の解釈は、鈴木茂三郎が訴訟を起こし、田中耕太郎・最高裁長官の下で、全会一致で棄却するという判決が出てから、各憲法学者が考えたものです。もしこの判決がなかったら、学者の方々はどんな解釈をしていたでしょうか。

朝鮮戦争勃発と警察予備隊の創設⑩　警察予備隊武装のさらなる強化

ＧＨＱは日本に対して、軍備の強化を促していますが、この動きと朝鮮戦争が密接に関連していることを、ブラッドレー統合参謀本部議長が国防長官（マーシャル）に宛てた「警察予備隊についてのメモランダム」（一九五一年二月九日）で見てみます。これは国防長官から国務長官へ宛てた極秘文書（ワシントン、一九五一年二月十五日）に付属する文書です。

主題：日本の警察予備隊

１・マッカーサー将軍は、陸軍に次のように報告した。「現在の状況は、可能な限り早く、**韓国での必要と同等の優先順位で日本の警察予備隊を装備することが緊急に必要であることを示している。**」（この報告は一九五一年一月三日東京発の電報（注：五〇年十一月、中国軍が朝鮮半島に入り、その後、米軍を三十七度線まで押し返した時期）（『戦後日本防衛問題資料集〈第二巻〉』）

ちょっと考えてみてください。この時期、韓国軍は朝鮮戦争で戦闘しているのです。警察予備隊を、戦闘している韓国軍と同等の装備をすることが緊急に必要とマッカーサーは主張しています。なぜでしょうか。

報道の自由の崩壊――朝鮮戦争とレッドパージ
日経新聞は「報道界の赤色分子解雇」と報道。
報道関係者三二六人も解雇されているのです

朝鮮戦争の勃発とともに、警察予備隊がつくられ、これは国会審議を経ての法律でなく、内閣が自分で出せる政令で決めました。日本国憲法の根幹、「国会は、国権の最高機関であつて、国の唯一の立法機関である」が侵されました。

そして、「民主主義」「自由主義」の要《かなめ》、報道の自由も侵されます。憲法の具体的な条文を見ます。

第十九条【思想及び良心の自由】思想及び良心の自由は、これを侵してはならない。

第二十一条【集会、結社及び表現の自由と通信の秘密の保護】集会、結社及び言論、出版その他一切の表現の自由は、これを保障する。

朝鮮戦争が始まったのは一九五〇年六月二十五日。そして七月二十九日付日経新聞三面は、次の見出しで報道します。

「報道界の赤色分子解雇」

この中で、各報道機関の解雇者数を次のように報じます。「朝日七二、毎日四九、読売三四、日経一〇、東京八、放送協会一〇四、時事一六、共同三三」。驚くべき数字です。

見出しの「赤色分子」という言葉も凄い表現です。

レッドパージの状況を、本『一九五〇年七月二八日　朝日新聞社のレッドパージ証言録』（朝日新聞レッドパージ証言録刊行委員会編、晩聲社、一九八一年）で見てみたいと思います

この本を執筆している段階で、Amazonを見ますと、「この本は現在お取り扱いできません」と出てきます。まず「はしがき」を見ます。

・占領下のレッドパージから三十年余の星霜が流れた。真夏の悪夢のように、私達の同僚一〇四人の境遇に一片の退社辞令で一変させたあのレッドパージとは一体何だったのだろうか。**それは一九五〇年七月末、「共産党員およびその同調者を排除せよ」とのマッカーサー元帥の書簡に端を発する大きな暗黒事件だった。**パージを強行したとき、会社が、ただ一つの拠り所としたのはこのマ書簡であった。そして**朝日新聞社の社員として何の落度もない人達が、昂進《こうしん》するインフレの路頭に放り出されていった。**

この異例の弾圧事件は、東西の冷戦下、次第に反動化しつつあった対日占領政策が朝鮮戦争の勃発を契機として一挙に本格化し、戦争反対、対米批判の動きをいっさい抑圧しようとした緊急措置であったということが出来る。

それがいかにGHQの命令であったとしても、この違法な措置を、何の抵抗もなく受け入れた当時の経営陣と大半の労働組合の態度、とくにマ司令部の要求にすすんで便乗解雇を行ったとさえみられる一連の事実は、省みて看過することの出来ない問題であった。

本来なら日本では、いかなる場合でも憲法と労働組合法、各組合の規約・労働協約などによって、労組員は**その思想、信条、信仰の自由は保障されているはずであった。**占領下の歪みがそのすべてを御破算にしてしまった。しかし、**新聞が真の報道の自由、言論抑圧に対する闘いの姿勢を失ったら、日本の民主化の道は遠のくばかりである。**このことはレッドパージ後の情勢が如実に示している。レッドパージという一つの歴史的事実を、我々は今一度、冷静に見直し、噛《か》みしめてみる必要があるのではないだろうか。

- **戦争を防ぐことと、言論の自由を守ることは一体であり、切り離せない。**

この本の中で、新井《あらい》直之《なおゆき》創価大学教授は「レッドパージの今日的意味」を掲載していますが、特に注目される論点に次のものがあります。

- 《レッドパージ》の問題点の第一は、それが犯した行為に対する処罰としての解雇ではなく、犯すかもしれないという惧《おそ》れに基づく解雇であって、いわば予防拘禁的性格を持つことであった。
- 問題点の第二は、朝鮮戦争に対する報道が完全に一元化し、多様な視点による報道・多元的な情報による報道が行なわれなくなったことである。

レッドパージ——明らかに憲法違反が起こっている時に、日本の裁判所はどのような判決を出していたのでしょうか。驚愕《きょうがく》するくらい、占領体制への隷属ぶりを示しているのです

レッドパージで驚くほどの人数が解雇されました。思想の自由、結社の自由を憲法がうたっている中で、メディアの人々が大量に解雇されました。この時、日本の裁判官はどう対処したのでしょうか。

不思議なことに、逆にある意味当然なのですが、一番しっかりとした記録を本にしているのは解雇する側の日経連です。日本経営者団体連盟編『レッド・パージの法理』（日本経営者団体連盟弘報部、一九五三年）には、新聞社員に対する解雇を不当として訴えた訴訟の記録が掲載されています。その一部を紹介します。

・京都新聞社事件（京都地裁、仮処分決定、昭和二十六〔一九五一〕年三月三十日）

要旨（1）マ書簡はその内容において占領政策を表現したもので、公共的報道機関から一切の共産主義者及び同調者を排除すべき法的規範を設定したものであるから、**国内法の適用を排除する。**

（2）マ書簡は被排除者の選定手続きおよびその運用を新聞経営者の自主的判断に委ねた。

・朝日新聞事件（東京地裁、判決、昭和二十七〔一九五二〕年十二月二十二日）

要旨（1）マ書簡は公共の報道機関に対し、その機構から共産主義者又はその支持者を排除すべきことを要請した指令であって、その範囲では法規を設定したものであるから、その限りにおいて国内法の適用を排除する。

・名古屋新聞社事件（名古屋地裁、決定、昭和二十五〔一九五〇〕年十一月十五日）

要旨（1）マ書簡は占領地域内に、その機構内から日本共産党員及び同調者を排除すべき旨の法規範を設定し、その規範の枠内で被解雇者の選定その他の手続きを経営者の判断に委ねたものである。

（1）占領下においては、日本国民は国内法の支配をうけると共に連合国軍最高司令部の制定する占領法規の支配をもうけるが、**連合国最高司令官の権力は日本憲法の統治権に優越する**から占領法規の効力は国内法に優先する。

私は、この判例に疑問を感じます。

サンフランシスコ講和条約は一九五二年（昭和二十七年）四月二十八日に発効しています。日本は独立国です。占領軍の統治は終わっているのです。その時でも「マ書簡は公共の報道機関に対し、その機構から共産主義者又はその支持者を排除すべきことを要請した指令であって、その範囲では法規を設定したものであるから、その限りにおいて国内法の適用を排除する」と東京地裁が述べている神経は、私にはわかりません。少なくとも「解雇は占領時代ならば仕方がなかった面もある。しかし、占領が終わった以上、日本国憲法の適用は受けるべきであり、解雇を取り消すこととする」くらいの判決を出せなかったのでしょうか。

こう言うと、「あなたは法律家でないから」と言われそうです。でも、それに該当する法理論はあるのです。

国際人権規約が一九六六年、国際連合総会で採決され、日本は一九七九年に批准しました。「市民的及び政治的権利に関する国際規約（自由権規約〈B規約〉）の第二条3には、「この規約の各締約国は、次のことを約束する」として、「（a）この規約において認められる権利又は自由を侵害された者が、公的資格で行動する者によりその侵害が行われた場合にも、効果的な救済措置を受けることを確保すること」との規定があります。

朝鮮戦争の別の側面——日本経済は朝鮮戦争によって活況へ

図3　朝鮮戦争前後の貿易と生産

	1949年	1950年	1951年	1952年	1953年	1954年
輸出(単位100万ドル)	510	820	1,355	1,273	1,275	1,629
特需(単位100万ドル)		50、51両年で592		824	809	597
鉱工業生産指数(1949年＝100)	100	123	169	181	221	240

大蔵省「貿易統計」、特需は日銀、生産指数は通産省調べ
(中村隆英『昭和史〈下〉』掲載図を参考に作成)

朝鮮戦争の別の側面は、この戦争によって、日本経済が潤ったことです。この部分は日本経済史を論じた本として高い評価を得た中村隆英著『昭和史〈下〉』(東洋経済新報社、二〇一二年)で見てみたいと思います。

・朝鮮戦争が世界と日本へ与えた影響はすこぶる大きいものがあった。一九四九年は第二次大戦後の世界においてはじめて訪れた景気後退期であった。(中略)朝鮮戦争が勃発すると、世界経済は戦争気構えからたちまち活況を取り戻した。

・当時の日本に幸いしたのは、国際景気の好転以上に、日本がアメリカ軍の朝鮮出動の基地となり、軍用物資の買付けが行われて、ドルの収入が一挙に増加したことだった。日本の輸出は一九四九年には五億ドルそこそこで、五〇年には八億ドル余りであったのに対して、五〇、五一年通算で約六億ドル強のアメリカ軍の買付けが行われ、その代金がドルによって支払われた。

朝鮮戦争で潤っていた日本は、スターリンの死で株価暴落します

朝鮮戦争は、実際に戦っている北朝鮮も、韓国も、中国も、米国も、相手を軍事力で倒せない状況になっていることを認識しています。しかし、北朝鮮を支援する立場のソ連のスターリンが戦争終結に反対しています。

戦っている兵隊や、戦場の北朝鮮や韓国は早期の終結を望んでいますが、他方、戦争で儲かっている人々がいます。その時の日本経済がそうでした。

スターリンは一九五三年三月一日脳卒中で倒れ、このニュースが次第に世界に広がります。日本では三月四日にスターリン重体のニュースが伝わり、翌五日に死去が報じられます。

こうした中で、日本株の大暴落が起こります。

- 三月五日付朝日新聞「軍需株など一せいに下落、ス（スターリン）首相の重体説が影響」
- 三月六日付朝日新聞「株式相場大暴落」

スターリン重体発表を悪材料として大幅な安値に開始された五日の東京証券市場は、後場になってもさらに出遅れの投げものが続出し大幅に下落した。この日のダウジョーンズ式平均株価は三四〇円四一銭で、昨年十二月四日以来の安値。値下がり幅も三七円

八一銭と開所以来の新記録となった。

スターリン暴落の時、証券マンはどのように見ていたでしょうか

一九五三年三月六日付日経新聞で見てみます。

- 山一證券副社長大神一氏「**朝鮮の和平成立を見越して弱気の売材料**にされる可能性はある」
- 野村證券専務平山亮太郎氏「**平和の見越しとなって現われ**、世界経済の縮小とともに、国内産業の過剰生産という問題も起こってくる」

残念ながら、朝鮮戦争の継続を願っていたのが、日本の経済界なのです。

日本は間接的な支援で潤ったのですが、米国の武器産業にとっては、戦争継続ははるかに望ましいことです。

こうした人々が戦争開始に関与したとまでは言いませんが、戦争継続のほうに関与していくことは十分あります。

［第五章］

冷戦後の国際政治と朝鮮半島問題

2019年6月30日、板門店での3度目となる米朝首脳会談。現職の米国大統領が歴史上初めて休戦ラインを越え北朝鮮側地域に足を踏み入れた

©Sipa USA/amanaimages

一九四五年八月十五日、米ソ間に対立する考えがなかったら、朝鮮半島はどうなっていたでしょうか

日本がポツダム宣言を受諾して、朝鮮半島から引き上げる時、米ソの対立がなかったとしたら、どういう展開になっていたでしょうか。

ソ連が北朝鮮に入ってきます。たぶん全域を支配したでしょう。

米国も朝鮮半島自体にさして価値を見出していないので、米軍を三十八度線に送るということもなかったでしょう。

東欧諸国と同じように、朝鮮半島はソ連の支配下にあったでしょう。

ソ連の崩壊は朝鮮半島と何の関係もなく発生していますから、ソ連が崩壊し、朝鮮半島も東欧諸国や中央アジアなどの国々と同じように、ソ連の支配から離れているでしょう。米軍がこの地に新たに基地をつくるという選択をしなければ、ロシアも中国もさしたる関心を示さないでしょう。

統一された朝鮮半島の国は、隣国の中国との関係をどうするかが最大の課題でしょう。しかし今日の北朝鮮ですら中国に対し、主体性を主張していますから、それ以上の主体性は保持しているでしょう。

こうした歴史上の「ＩＦ」を離れ、現実に戻ってみます。

今日の朝鮮半島の分断は、歴史的に見て、米ソの対立が大きく作用して成立したものですから、ソ連が崩壊し、冷戦がなくなれば、南北を分断する力はなくなり、少なくとも、南北朝鮮の間で統一を模索する動きが出てきてもおかしくなさそうです。

しかし、そうはなりませんでした。逆に、朝鮮半島は、一九六〇年代よりも、七〇年代よりも、八〇年代よりも緊張しています。なぜでしょうか。

一九四五年八月、九月、朝鮮民族の意思よりはるかに強い勢力があって朝鮮は分断されました。とすると、冷戦が終わった後も、何か強い力があって、南北統一の動きを妨げているのではないでしょうか。

ソ連崩壊後、米国はイラン、イラク、北朝鮮を敵にすることで、国防政策を形成します

一九九一年十二月二十五日、ミハイル・ゴルバチョフはソビエト連邦大統領の辞任を表明します。クレムリンに掲げられていたソビエト連邦の「鎌と槌の赤旗」の国旗も下ろされます。これに代わって、ロシア連邦の「白・青・赤の三色旗」の国旗が揚げられます。ソ連が崩壊しました。その後の状況を私の『日米同盟の正体』を適宜引用しながら見ていきたいと思います。

この当時、米国の多くの国民には、日本の脅威が最も深刻でした。米国経済の象徴的存在であ

図4　米国世論の対外脅威について
「米国への死活的脅威」は何か？

	大衆	指導者層
日本の経済力	60%	63%
中国の大国化	40%	16%
ソ連の軍事力	33%	20%
欧州の経済力	30%	42%

1991年シカゴ外交評議会調べ　米国世論調査

る自動車産業と鉄鋼産業は、日本からの輸入で崩壊の危機に瀕《ひん》しました。日本はニューヨークの象徴的建物ロックフェラー・センターを買収します。文化の象徴、ハリウッドでは、ソニーがコロンビア・ピクチャーズ・エンターテインメントを買収します。

一九九一年、シカゴ外交評議会が実施した米国世論の対外脅威認識は図4の通りです。

この状況を踏まえ、米国には二つの選択があります。それは朝鮮半島の将来と密接に関連します。一つはソ連への脅威が軽減したとして重点を経済に移すこと、もう一つは世界で最強になった軍を維持することです。

そのいずれの道の選択も可能でした。一九八九年十二月十三日付のニューヨーク・タイムズ紙は、「ロバート・マクナマラ元国防長官は上院予算委員会で、ソ連の脅威が減じたいま、三〇〇〇億ドルの国防予算は半分に減らせる、この資金は経済の再構築に回せると証言した」（筆者要約）と報じています。

この二つの選択で、米国は結局、「軍事費を減らし、経済を強化する」という選択はしませんでした。当時統合参謀本部議長の地位にあったコリン・パウエルは「米国の軍事力―今後の課題」（「フォーリン・アフェアーズ」誌一九九二年・九三年冬号）で次の考え方を表明します（要約）。

「米国ほどの力を持つ国は他に存在しない。他の国々から力を行使することを期待されるのは米国だけだ。われわれはリーダーシップをとることを義務づけられている。米軍の存在なくして米国がリーダーシップを発揮することは不可能である」

そして一九九三年、レス・アスピン国防長官の下で、次の内容を主体とする軍事戦略「ボトムアップレヴュー」が作成されます。これがその後米国戦略となり、基本的に今日まで続いています。

- 重点を東西関係から南北関係に移行する
- **イラン・イラク・北朝鮮等の不安定な国が大量破壊兵器を所有することは国際政治上の脅威になる。したがってこれらの諸国が大量破壊兵器を所有するのを防ぎ、さらにこれらの国々が民主化するため、必要に応じて軍事的に介入する**
- 軍事の優先的使用を志向する
- 軍事行動の目的は米国が設定する

この戦略の下、米国の北朝鮮政策は本質的に大きく変化します。一九四五年に日本が敗北してからソ連の崩壊までは「対北朝鮮政策はソ連・中国との関係でどうすべきか」でしたが、ソ連崩壊後は「北朝鮮が（イラン、イラクと並んで）最大の脅威」になります。

ここで注目しておかなければならないのは、「軍事の優先的使用を志向する」「軍事行動の目的は米国が設定する」の二点です。
イラン、イラク、北朝鮮を「仮想敵国」に位置づけましたが、これらの国々は、米国の軍事力と比較すると圧倒的に弱いのです。彼らから先に米国に攻撃することはあり得ません。ですから、緊張を継続するために、米国が挑発し、時に軍事力を行使する図式が出ます。これは、戦後の国際秩序の在り様をすっかり変えるものとなりました。
たぶん、皆さんは国連憲章の条文をご覧になることはないと思いますが、国連憲章を見てみます。

第二条　1　この機構は、そのすべての加盟国の主権平等の原則に基礎をおいている。
4　すべての加盟国は、その国際関係において、**武力による威嚇又は武力の行使を**、いかなる国の領土保全又は政治的独立に対するものも、また、国際連合の目的と両立しない他のいかなる方法によるものも**慎まなければならない。**

第五十一条　この憲章のいかなる規定も、**国際連合加盟国に対して武力攻撃が発生した場合には**、安全保障理事会が国際の平和及び安全の維持に必要な措置をとるまでの間、**個別的又は集団的自衛の固有の権利を害するものではない。**

第二条と第五十一条で明確なことは、「武力による威嚇や武力の行使は慎まなければならない」、かつ「武力攻撃が発生した場合には、個別的又は集団的自衛の固有の権利を害するものではない」としていることです。何らかの理由で「その国は危険だ」ということで攻撃するのは禁じています。しかし冷戦後の米国の戦略は「軍事の優先的使用を志向する」「軍事行動の目的は米国が設定する」ですから国連憲章とは合致しません。したがって「有志連合」なのです。

つまり、冷戦後の米国戦略は、イラン、イラク、北朝鮮と敵対関係に置くことが基本なのです。

クリントン大統領の「イラン、イラク、北朝鮮」との協調路線の模索

本来的には、イラン、イラク、北朝鮮を米国の「戦略的な敵」と位置づけるには無理があります。イラン、イラク、北朝鮮が、攻撃されないのに、自分のほうから米国を攻撃することはありません。米国の存在を脅かすことのできる敵ではないのです。

したがって、米国の中で、他の圧力なしに考えれば、「イラン、イラク、北朝鮮を敵にするのではなく、正常な関係を持とう」という考えになるのが自然です。

ビル・クリントン大統領政権の末期、外には目につかない形で、次が模索されていました。

❶イランとの国交を回復する。最初の手段としては、米国民を守るためという口実の下、イラン国内に総領事館を持つ。
❷北朝鮮とも朝鮮戦争を終結する平和条約を締結し、北朝鮮と国交関係を樹立する。
❸イラクへの敵対政策を軟化させる。

クリントン大統領が右記のことを追求し始めた時に、クリントン大統領弾劾の動きが出ます。一九九八年一月、クリントン大統領（当時五十一歳）が九五年より九七年にかけて、二十七歳下のホワイトハウス実習生モニカ・ルインスキーと性的な関係を持ったとする疑惑です。時代はさかのぼりますが、大統領時代に活発な女性関係を持ったのはジョン・F・ケネディです。マリリン・モンローもその相手の一人といわれますが、それで弾劾の動きが出てきたことはありません。

私はクリントン大統領弾劾の時に外務省の国際情報局長でしたが、クリントン大統領のイラン、北朝鮮との外交関係を回復しようとする動きを阻止する動きと、モニカ・ルインスキー事件が同時並行的に進行しているのを見ていました。

北朝鮮とイランを米国の敵と位置づける、この要請は今日も変わりません

米国が、「北朝鮮とイランを敵として位置づける」というのは変わりませんが、両者には違いがあります。「イランを敵視する」要請は、米国には北朝鮮よりはるかに強いのです。それは、後者にはイスラエル要因があるからです。米国の中東政策は「しっぽ（イスラエル）が犬を動かす」といわれるような状態ですが、この説明は延々と行なう必要があるので、関心のある人は『イスラエル・ロビーとアメリカの外交政策』（J・J・ミアシャイマー、S・ウォルト著、講談社、

二〇〇七年）を見てください。

中国が軍事力を強める中、それでも「イラン、北朝鮮を敵とする」構図は続くのでしょうか。

続きます。アフガニスタン戦争、イラク戦争で経済的利益を得たのは補給を行なう民間企業です。この勢力は、核兵器を製造する企業以上の政治的力をつけました。補給を必要とするための敵が不可欠なのです。

北朝鮮の核兵器にどう対応するのがいいのでしょうか❶

軍事的脅威の下にある北朝鮮㋑——戦後世界のどの国よりも、核兵器で攻撃される脅威の下にあったのは北朝鮮です

北朝鮮の核兵器の問題は、「北朝鮮が他の国際関係と無関係に、核兵器開発を行なっているから、国際社会は、北朝鮮に対抗措置を取らざるを得ない」のではなくて、「米国は自国の莫大な軍事予算の維持のために北朝鮮との敵対的な関係が必要なので、北朝鮮を核兵器開発のほうに追い込んで敵対的関係を持つ」ということなのです。

「北朝鮮が、なぜ核開発の道を選択せざるを得ないか」については、オーストラリアの国際関係学者であるガバン・マコーマック著『北朝鮮をどう考えるのか』（平凡社、二〇〇四年）が正当な評価を行なっていますので、この見解を見てみます。

- 米国にとって北朝鮮の核は過去一〇年間ほど主要な問題であったが、北朝鮮にとっては米国の核の脅威は過去五〇年絶えず続いてきた問題であった。

　核時代にあって、北朝鮮の独特な点は、どんな国よりも長く核の脅威に常に向き合い、その影に生きてきたことである。朝鮮戦争の時には核による殲滅《せんめつ》からほんの紙一重で免れた。

- 一九五三年の休戦協定調印でやっとほっとしたのも束の間、四年後アメリカは休戦協定に違反し、核弾道弾や地雷、ミサイルを韓国の米軍基地に持ち込んだ。
- 一九九一年、核兵器が韓国から撤収されても、米軍は北朝鮮を標的と想定した長距離ミサイルの演習を続行し、北朝鮮では核の脅威がなくならなかったのである。
- 何十年も核の脅威と向き合ってきた北朝鮮が、もし機会があれば「抑止力」を開発しようと考えたのは別に驚くことではない。

北朝鮮が米国の核攻撃の可能性の恐怖の中にあったということが、北朝鮮が核開発を行なう大きな理由なのです。

北朝鮮の核兵器にどう対応するのがいいのでしょうか❷

軍事的脅威の下にある北朝鮮ろ――米国では二〇〇三年、現場指揮官の判断でイラン、北朝鮮に核兵器を使用できるようになりました

米国防省内に核兵器を管理する司令部、戦略指揮（STRATCOM：Strategic Command）があります。二〇〇三年、**このSTRATCOMに、核兵器の使用を許可する新たな作戦計画CONPLAN8022が与えられます。**ここでは、危機時、北朝鮮、イラン、シリア等に対する、先制核攻撃が想定されているのです。二〇〇四年春、ラムズフェルド国防長官は「CONPLAN8022を常に実施できるように」との緊急指令を出しています。

北朝鮮は、常に核兵器で攻撃されるという想定の中で生きてきたのです。

北朝鮮の核兵器にどう対応するのがいいのでしょうか❸

軍事的脅威の下にある北朝鮮は――最近でも、米国は北朝鮮に軍事行動を行なうという脅しを実施しています

二〇一七年にも、北朝鮮を攻撃する「bloody nose（鼻血）」作戦があったのです。

英国の代表紙テレグラフは同年十二月二十日独占報道「米国は北朝鮮に対し'bloody nose' 軍

事作戦を計画（US making plans for 'bloody nose' military attack on North Korea)」を報じました。（https://www.telegraph.co.uk/news/2017/12/20/exclusive-us-making-plans-bloody-nose-military-attack-north/）

内容は次の通りです。

- 米国は北朝鮮の核兵器計画を止《や》めさせるため、'bloody nose' 作戦を練っている。軍事力を示すことで、核兵器開発を阻止するのに、米国がいかに真剣かを示し、交渉に導こうとするものである。

この「鼻血作戦」は日本でも朝日新聞が、「北朝鮮へ先制攻撃『鼻血作戦』トランプ氏暴露本で判明」（二〇一八年九月十二日デジタル配信）の見出しで次のように報じています。

- ボブ・ウッドワード氏によるトランプ政権の内幕本『FEAR（恐怖）』が11日、発売された。描かれたのは、北朝鮮への先制攻撃計画の策定やシリア大統領の殺害指令など、即興的、感情的なトランプ大統領の姿だ。米政権の安全保障政策は危うい綱渡りを続けている。
- 『FEAR』によると、トランプ氏は就任1カ月後の2017年2月、米軍制服組トップのダンフォード統合参謀本部議長に対し、北朝鮮への先制攻撃計画をつくるよう指示をした。

•同年10月、北朝鮮と地形が似ている米ミズーリ州のオザーク高原で、爆撃機を使った空爆のシミュレーションが行なわれた。米空軍には、指導者を殺害する複数のプランがあった。パイロットは「北朝鮮の指導者がいると思われる場所」と交信し、最大の威力が発揮できるよう低空から爆弾を投下。同年4月にアフガニスタンで過激派組織「イスラム国」（ＩＳ）の地下施設を破壊するために投下された大型爆弾も使われた。

ちなみに、金正恩《キムジョンウン》の異母兄、金正男《ジョンナム》が二〇一七年二月十三日、マレーシアのクアラルンプール国際空港で殺害されたのは、こうした緊張の真っ只中です。金正男はＣＩＡと接触していますから、北朝鮮側は、金正男が金正恩の居場所に関する重要情報を提供していると判断しても不思議ではありません。

さらに、米国における朝鮮問題専門家ビクター・チャが、二〇一八年一月三十一日、ワシントン・ポスト紙に「北朝鮮に〝鼻血〟を与えることは米国民に多大なリスクを与える（Giving North Korea a 'bloody nose' carries a huge risk to Americans）」という論文を発表しています。(https://www.washingtonpost.com/opinions/victor-cha-giving-north-korea-a-bloody-nose-carries-a-huge-risk-to-americans/2018/01/30/43981c94-05f7-11e8-8777-2a059f168dd2_story.html）ちなみに、チャは駐韓国大使に内定していましたが、北朝鮮への軍事作戦に反対したことで、この内定が取り消されました。

北朝鮮の核兵器にどう対応するのがいいのでしょうか❹
キッシンジャー「(核保有の中小国に対して) 無条件降伏を求めないことを明らかにし、どんな紛争も国家の生存の問題を含まない枠組を作ることが米国外交の仕事である」

北朝鮮が核兵器を保有したとして、その時どう対応したらいいでしょうか。

核戦略に関する最も戦略的な本は、キッシンジャー著『核兵器と外交政策』(日本外政学会、一九五八年) でしょう。

キッシンジャーはここで次のように述べています。

- 核保有国間の戦争は中小国家であっても、核兵器の使用につながる。
- 熱核兵器を有する国は、それを用いずして全面降伏を受け入れることはないであろう。一方で、その生存が直接脅かされていると信ずるとき以外は、戦争の危険を冒す国もないとみられる。
- 無条件降伏を求めないことを明らかにし、どんな紛争も国家の生存の問題を含まない枠組を作ることが、米国外交の仕事である。

この原則は、実はすでに紹介した、国連憲章の考えと同じなのです。

第二条4　すべての加盟国は、その国際関係において、武力による威嚇又は武力の行使を、いかなる国の領土保全又は政治的独立に対するものも、また、国際連合の目的と両立しない他のいかなる方法によるものも慎まなければならない。

北朝鮮の核兵器にどう対応するのがいいのでしょうか❺

「どんな紛争も国家の生存の問題を含まない枠組を作ることが、米国外交の仕事である」（キッシンジャー）という命題は、北朝鮮との関係でどうしたらいいのでしょうか。

一つは「互いに武力行使をしない」という平和条約をつくればいいのです

朝鮮戦争は形式的にはまだ終結していません。「休戦協定」があるだけです。戦争を終える「平和条約」や「講和条約」が締結されていません。

「どんな紛争も国家の生存の問題を含まない枠をつくることが米国外交の仕事である」として、具体的にどのような選択が米国にあるでしょうか。「平和条約」や「講和条約」を結び、そこで互いに「軍事的な敵対行動はとらない」等の文言を入れればいいのです。

北朝鮮は、ずっとこれを要求してきました。しかし米国はこれに応えていません。現在の米国はそれができないのです。「イラン、イラク、北朝鮮を敵対国として位置づける」という前提で今日の国防政策が組み立てられています。

北朝鮮の核兵器にどう対応するのがいいのでしょうか❻
リチャード・ハースの一〇項目提案

米国国務省の政策企画部は、大きい部局ではありません。私は一九七三年春、まだ三十歳の頃、バージニア州シャーロッツビルの保養地、ボアーズ・ヘッドで、米国の政策企画部と日本の外務省の調査企画部との協議に参画しました。米側の提案してきた議題の一つがサウジ問題でした。この当時外務省は、なぜ、これが協議の対象になるかわかりませんでした。ただこの問題は、当時米国で最も論議を呼んでいた論争の一つだったのです。国務省エネルギー担当部長ジェームズ・エイキンズが一九七三年四月、フォーリン・アフェアーズ誌に論文「石油危機——今度こそ狼が出た」を発表したのです。協議にはエイキンズも参画しました。その時に日米の国際情勢の認識の格差を思い知らされました。

それぞれの時代のトップクラスの知的エリートが、政策企画本部長のポストについています。この本でもすでに、ジョージ・F・ケナン、ポール・ニッツェに言及しました。その他には経済学者のウォルト・ロストウ、ポール・ウォルフォウィッツ（後、世界銀行総裁）などがいます。二〇〇一年から〇三年、リチャード・ハースがこのポストに就いています。ハースはイラク戦争に反対の立場を取りました。たぶんそれが政策企画部長退官の理由でしょう。ハースはその後、外交評議会会長となり、一三年以上務めています。

彼が、評論サイト「Project Syndicate」で二〇一七年七月「北朝鮮の核開発プログラムからの十の教訓（Ten Lessons from North Korea's Nuclear Program）」という論評を発表しました。(https://www.project-syndicate.org/commentary/lessons-north-korea-nuclear-program-by-richard-n--haass-2017-07?barrier=accesspaylog) 私たちはすでに、英国紙テレグラフが同年十二月二十日に「米国は北朝鮮に対し'bloody nose'軍事作戦を計画」と報じたのを見ました。ハースがこの論評を発表した頃、米国国内では極秘に北朝鮮への軍事攻撃が検討されていたのだと思います。

イラク戦争に反対したハースが、今度は、対北朝鮮軍事行動にも反対の見解を示したのです。時の大統領の政策と真っ向から異なる意見を発表する、それにもかかわらず米国で最も権威あるとされる外交評議会会長でいるという点は、まだ米国に健全さが残っていることを示しています。

- 北朝鮮は核弾道弾を製造し、ミサイル開発を行なってきている。多くの政府は北朝鮮の開発をどう防止するか、開発速度を弱めさせるか、これらの努力が失敗した時にどうすべきかを検討してきている。国際社会の努力にもかかわらず、北朝鮮がなぜ核兵器、ミサイル開発を進めてきたかを理解することが重要だ。
- 第一に、基本的な科学的ノウハウと近代的工業能力を持つ政府は、遅かれ早かれ開発に成功する可能性が高い。該当する技術は広く利用が可能である。

・第二に、外部からの支援は抑制することはできるが、閉ざすことはできない。利益が生み出せる時にブラック・マーケットはいつでも存在する。特定の国はこうした市場を手助けする。

・第三に、経済制裁が達成できることには制約がある。制裁は核兵器開発費用を増加させるが、歴史を見れば特定国がその獲得に十分価値あると判断すれば、その国家は相当額を払う用意がある。インドの核開発の例を見れば、特定国の開発の現実を受け入れたり、他の目的を追求する際には、この制裁は消滅する。

・第四に、諸国政府は常に国際的視点を最重視するわけではない。中国は核拡散を望まない。だが中国は分断された朝鮮半島を望み、北朝鮮がバッファーとして機能することを望んでいる。米国はパキスタンの核兵器開発に反対であったが、アフガニスタンでのパキスタンの協力を望んだので、行動（制裁）は緩やかだった。

・第五に、核兵器が使用されて約七十五年、依然核兵器は価値あるものと見なされ、それは威信のためではなく、（核兵器を持つことが自国の安全を強めるという）安全保障の観点に基づくものである。そのような判断をイスラエルが行なった。ウクライナ、リビア、イラクは米の圧力などで核兵器をあきらめたが、結果、攻撃された。北朝鮮はこうした運命を避けてきた。

・第六に、ＮＰＴ（Treaty on the Non-Proliferation of Nuclear Weapons：核兵器不拡散条約）は不十分である。ＮＰＴは自発的協定である。

- 第七に、最近の国連総会での核兵器禁止などの新たな外交努力は、目立った効果を持っていない。
- 第八に、核兵器拡散に反対するという明確な基準はあるが、特定国が核兵器を開発しようとした場合にどうするかについての明確な基準はない。
- 第九に、核拡散に対応する他の手段は、時の経過とともに悪化している。一九九〇年代初め、米国は軍事使用を考えたが、朝鮮戦争を引き起こす可能性から止《や》めとなった。状況は改善されず、使用すべき軍事力はより大きく、成功の見通しはより不透明となった（注：今日でも対北朝鮮攻撃を行なえば、北朝鮮の報復により、ソウルで多大な死者が出ると想定されている）。
- 最後に、すべての問題が解決されるというものではない。いくつかの問題が管理できるだけである。イランの核兵器に結論を出すのは早すぎる。二〇一五年合意はこの危険を遅らせはしたが、（イランが将来核保有国になる可能性を）排除はしていない。**北朝鮮に対しても同様である。こうした危機を管理することは満足できるものではないが、多くの場合それが望みうる最大のものである。**

トランプ政権下での対北朝鮮政策

日本ではトランプ大統領の政策は「一貫性がない」「戦略性がない」などの様々な批判があり

ますが、私はそうは思っていません。ある意味、見事な整合性があります。

トランプ大統領は大統領就任当日、二期目の大統領選挙に向かって体制を立ち上げました。責任者はブラッド・パースカルです。もともとは電子情報を利用し企業に助言する仕事を行なっていました。この彼が、マーケット・リサーチで商品の生産や販売を行なうように、マーケット・リサーチで選挙を行なう手法を導入したのです。二〇一六年の大統領選挙は、総投票数でヒラリー・クリントンがトランプを上回りました。選挙の終盤戦、トランプはパースカルの進言に従って、資金、人的投入、遊説を接戦区に集中させ、接戦を勝ち取ったのです。

このパースカルは「五〇〇〇以上の項目で選挙民の反応を刻々調査し、それに合致する政策を打ち出している」と述べたことがあります。トランプ大統領はAという政策を発表し、突然それと全く逆のBという政策を時々打ち出します。多くの人はこれを見て「一貫性がない」「戦略性がない」と批判しますが、Aという政策を出し、世論が批判すればBを出せばいいのです。さらにトランプは、ソーシャル・メディアを受動的にとらえるのでなく、自己発信をして世論を誘導しています。二〇二〇年五月三日時点で七九二三万人のフォロワーがいます。

米国の新聞の発行部数を見てみましょう（二〇二〇年五月現在）。

USAトゥデイ紙一六二万部、ウォールストリート・ジャーナル紙一〇一万部、ニューヨーク・タイムズ紙四八万部、ワシントンポスト紙二五万部です。トランプのツイートは米国主要紙合計の四〇倍以上の発信力を持っているのです。

北朝鮮に関する世論調査は、一般に公表されたものは、最近ではあまりありません。参考になる世論調査は、トランプ・金正恩間首脳会談が持たれた頃、二〇一八年四月八日から十一日に実施されたＡＢＣテレビとワシントン・ポスト紙による共同世論調査です。

・問い「今次首脳会談で北朝鮮が核兵器をあきらめる合意になると思うか」

選択	非常にあり得る	あり得そうだ	なさそうだ	あり得ない
	五％	二五％	二五％	四二％

・問い「もし北朝鮮が核兵器をあきらめなかったら、トランプは北朝鮮に対する軍事行動の脅しをすべきか」

選択	脅すべきだ	脅すべきでない
	三一％	六一％

この世論調査を見れば、トランプがなすべきことは、北朝鮮についてはすべて終わっています。米国国民は北朝鮮の核兵器開発が外交で解決するとは思っていません。つまり別に外交活動を積極的に展開しなくてもいいのです。

かといって武力を使うところまで行くかといえば、米国国民はそれを望みません。トランプとしては、外交でさして頑張る必要もない、あわせて武力を使うといって頑張る必要もない、特段北朝鮮に積極的政策を展開する必要がないのです。これにイラついた金正恩が過激な行動を取らなければ、の話ですが。

朝鮮半島の統一のために

この本を書くにあたって、いろいろ勉強しましたが、結論は、朝鮮民族は「世界で最も悲しい国民」なのではないかということです。

第二次大戦が終わり、一九四五年九月六日、朝鮮の人々は、南北一体の国、「朝鮮人民共和国」を立ち上げました。しかし、南下してきたソ連の軍政、そして急遽駆け付け、三十八度線以南を支配した米国の「軍政」によって、この構想は消えました。統一朝鮮はなくなりました。分断された二つの国家ができました。

ソ連は金日成を、米国は李承晩を外から持ち込みました。両者は朝鮮人ですが、長い間、朝鮮半島には住んでいません。彼らが住民の意思をくみ取れる一番いい政治家になれるでしょうか。どう見ても、朝鮮に住んできた人のほうが適切な政策を出し、人々に評価されるでしょう。それで両者とも、力での南北統一を最優先課題にします。最初は宣伝、そして武力の小競《こぜ》り合い、最後に戦争となりました。ここに米国、中国、ソ連が絡み、多くの国民の犠牲者を出し、国土は荒れに荒れました。

第二次大戦前の植民地、さらにソ連の支配等で他国の支配の下にあった国々は、戦後、次第に植民地から脱し、ソ連の崩壊で独立しました。国家が二分されていたベトナムもドイツも統一を果たしました。

しかし朝鮮半島は大国の思惑で、いまだに二分されています。金日成、李承晩という外から移入された政権の存在理由は、たがいに南北を敵視することで成立しています。住民の要請をいかに政策に結びつけるかでは、「民族派」のほうが優れているに違いありません。ところが「民族派」といわれる人々は、粛清や排除されていきます。朝鮮民族を統一する道は、朝鮮民族自身が選択することです。外部勢力の介入によって分断されたのですから、外部勢力抜きで統一を模索するのが一番です。

そういった上で、外部の人間である私が、統一の道に何を述べられるかを考えてみました。一番実現性のあるアプローチは、ＥＵやＡＳＥＡＮのアプローチです。経済的協力関係を促進し、人々が敵視よりも協力で得られる利益のほうが、自分たちの利益になることをわからせる方式です。しかしこの方式がＥＵやＡＳＥＡＮで成功したのは、まず指導者たちが「敵視よりも協力の利益が自分たちの利益になる」ことに確信を持っていたからです。もし南北の指導者たちにこの確信がないなら、経済的協力関係を進めようとしても、容易に潰れます。それが今の朝鮮半島の状況です。

そうすると、先にある道はほとんど見えません。かろうじてありうるのは、全く機能しない、何の役にも立たないという前提で、南北の形式的連邦をつくることではないでしょうか。南北双方から各々の国で実権を持っている十人程度の代表が出て、年に一回でも二回でも閣議を開いてしゃべる。何かを実現したいというのでなくて、ただ適当にしゃべるのです。「何の役にも立たないもの」をつくるのですから、反対する人もあまり出てきません。

ただ適当にしゃべる、こうしたことを五年か十年か、あるいは二十年か続けて、しゃべっている間に指導者層に共通に追いかけるべきものが出てくるかもしれない、そういうものに期待していいのではないかと思います。

おわりに

祥伝社の栗原和子さんとは、二〇一五年『日米開戦の正体』を、二〇一七年には『日米開戦へのスパイ』と題してスパイ・ゾルゲの本を一緒につくらせていただきました。ゾルゲ事件では「ゾルゲ事件の政治利用② 冷戦での『赤狩り』と『逆コース』で、ソ連、共産主義の脅威を拡散するためにゾルゲ事件は利用されました」という項目を設けました。

したがって私は、逆コースの顕著な一九四九年、一九五〇年には特別の関心を持っています。自分の中では、『一九四九年』とか『一九五〇年』というテーマで書いてみたいという思いすら持っていました。

今回「朝鮮戦争」を書き、改めて、日本は一九五〇年で「民主主義」と「自由主義」を根底から覆す国になったなと強く感じました。もちろん自発的選択でなく、米軍に強いられてのことです。

「警察予備隊」を国会審議することなく、国会での議決をすることなく、「政令」で成立させました。

一九五〇年七月二十九日、日経新聞三面は、次の見出しで報道します。

「報道界の赤色分子解雇」

この中で、各報道機関の解雇者数を、次のように報じます。「朝日七二、毎日四九、読売三四、日経一〇、東京八、日本放送協会一〇四、時事一六、共同三三」

驚く数字です。

日本国憲法で第十九条【思想及び良心の自由】思想及び良心の自由は、これを侵してはならない、第二十一条【集会、結社及び表現の自由と通信秘密の保護】1　集会、結社及び言論、出版その他一切の表現の自由は、これを保障する、という条文があるにもかかわらずです。

日本が独立した後も、裁判で「占領下においては、日本国民は国内法の支配を受けると共に、連合国軍最高司令部の制定する占領法規の支配をも受けるが、連合国最高司令官の権力は、日本憲法の統治権に優越するから、占領法規の効力は国内法に優先する」と判決文を書く裁判官の神経にはびっくりしました。

民主主義、自由主義の順守を弱める「逆コース」の強化は、朝鮮戦争と密接に連動しています。「ソ連、中国が金日成をそそのかし、南朝鮮を武力で制圧しようとした。これを許せば世界中が〝赤化〟する」という考えが当然のように大手を振って歩き始めました。

しかし、朝鮮戦争はスターリンや毛沢東がそそのかして実施されたものではありません。スターリンは国内を武力でもって統一しようとする金日成にブレーキをかけようと動いています。「しぶしぶ承認した」というのが実態でしょう。もちろん中国は朝鮮戦争を望んでいません。

朝鮮戦争は、多くの人命を奪い、朝鮮半島を荒廃の地にしましたが、三十八度線を国境線とすることには、何の変化もありません。

しかし、米国と日本には明白な流れが定着しました。米国では軍需産業が根を下ろし、戦争を戦い続ける国になりました。今日までその体制は延々と続きます。日本では、自由主義と民主主義を抑制する「逆コース」が定着しました。そして、しばしば米国から「軍事的に貢献しろ」という要請がきて、国会を軽視した対応策を取ります。

「日本という国がどういう国か」、そして「今日の国際社会がどういうものか」、それを理解するために、「朝鮮戦争とは何だったのか」「朝鮮戦争は何をもたらしたのか」を、今改めて問う意義があると思います。

二〇二〇年六月

孫崎　享

朝鮮戦争の正体　関連年表

※ゴシック体は日本に関する出来事

１９４５年	
8月8日	ソ連、対日参戦（その後、朝鮮にも侵入）
8月15日	**日本降伏**
	呂運亨が朝鮮建国準備委員会を発足
9月2日	**日本、降伏文書に調印**
9月6日	朝鮮建国準備委員会が、ソウルで朝鮮人民共和国の樹立を宣言（米国は認知せず）
9月8日	米軍第一陣が朝鮮に到着
9月22日	金日成、朝鮮に帰る（10月14日、ソ連軍歓迎大会に金日成登場）
10月16日	李承晩、朝鮮に帰る
12月27日	米英ソ三国外相会議、朝鮮半島五カ年信託統治案発表
１９４６年	
2月8日	北朝鮮臨時人民委員会（委員長・金日成）発足
	大韓独立促成国民会（総裁・李承晩）発足
1月～5月8日	米ソ共同委員会、信託統治案を協議するも決裂
6月3日	李承晩、南朝鮮の単独政権樹立を提起

6月14日　呂運亨ら、左右合作四者協議開催（南北統一政権を模索）
10月～11月　南朝鮮で大衆の決起
11月3日　日本国憲法公布

１９４７年
2月1日　マッカーサーの指令でゼネラル・ストライキが中止
5月3日　日本国憲法施行
9月末　ソ連、ソ連軍と米軍の同時撤退を提案

１９４８年
4月19日～23日　南北連席会議、平壌で開催。米・国連の南での単独選挙案に反対を表明
5月10日　南朝鮮、国連臨時朝鮮委員会の監視下で総選挙
8月15日　大韓民国、ソウルで建国宣言（大統領は李承晩）
9月9日　朝鮮民主主義人民共和国、平壌で建国宣言（首相は金日成）
10月15日　第二次吉田内閣発足
12月25日　ソ連軍、北朝鮮から撤退（軍事顧問は残る）

1949年

6月29日　米軍、南朝鮮から撤退（軍事顧問は残る）
8月　三十八度線の南北で、しばしば戦闘勃発
10月1日　中華人民共和国樹立

1950年

1月12日　アチソン演説、米の極東における防衛ライン（アチソンライン）を策定
2月14日　中ソ友好同盟条約調印
3月～4月　金日成訪ソ、スターリンと会談（席上、南進を打診）
4月　ダレス、極東問題担当に任命される
6月6日　日本、共産党幹部の公職追放
6月17日　ダレス、ソウルに到着（21日まで滞在）
6月25日　朝鮮戦争勃発
6月25日（米国時間）　米国の要請で国連安保理事会開催
6月26日　米国空軍・海軍が介入
6月27日　トルーマン、朝鮮と中国への介入を宣言。国連、介入を勧告
6月28日　ソウル陥落
7月8日　GHQ、警察予備隊の創設を指令

7月20日　**ダレス、日本人の戦争参加検討**
7月28日　**報道機関へのレッドパージ開始**
8月10日　**警察予備隊令（政令）により、警察予備隊発足**
8月20日　北朝鮮軍、南朝鮮の90％を占領
9月15日　国連軍による仁川上陸作戦
10月1日　韓国軍、三十八度線突破。国連軍も続く（26日に中国国境まで前進）
10月2日　中国、参戦決定（18日鴨緑江渡河、25日に第一陣が戦闘開始、11月27日に大攻勢展開）
11月30日　トルーマン、原爆使用を辞せずと発言

1951年

1月4日　北朝鮮軍、中国軍、ソウル再占領（月末には南下の極限に達する）
2月1日　国連、中国を「侵略者」と非難
3月14日　国連軍、ソウルを再び奪回
3月24日　マッカーサー、中国本土攻撃も辞さずと声明
4月11日　マッカーサー解任
6月10日　高崗と金日成、訪ソ。13日、スターリンと会談
6月23日　マリク・ソ連国連代表、朝鮮戦争停戦交渉提案
7月10日　休戦会談本会議、開城で始まる
9月8日　**サンフランシスコ講和条約、日米安全保障条約調印（翌年4月28日発効）**

1952年

5月25日 李承晩、戒厳令を敷く

10月8日 朝鮮休戦会談、捕虜問題で合意できず無期休会

10月15日 **日本政府、警察予備隊を保安隊に改組**

12月2日〜5日 アイゼンハワー、朝鮮を訪問

1953年

2月2日 アイゼンハワー、台湾海峡の中立化解除を表明

3月5日 スターリン死去。**東京株式市場暴落（スターリン暴落）**

7月27日 **朝鮮戦争休戦協定に調印（板門店）、休戦協定発効**

10月26日 米・中・北朝鮮の三国政治会議予備会談開催（12月、米国退席）

1954年

4月26日〜6月15日 朝鮮の統一とインドシナ休戦に関するジュネーブ会議

7月1日 **自衛隊法施行**

中村隆英『昭和史（下）』（東洋経済新報社、2012年）
日本経営者団体連盟『レッド・パージの法理』（日本経営者団体連盟弘報部、1953年）
増田弘『自衛隊の誕生――日本の再軍備とアメリカ』（中公新書、2004年）
孫崎享『日米同盟の正体――迷走する安全保障』（講談社現代新書、2009年）
孫崎享『日本の国境問題――尖閣・竹島・北方領土』（ちくま新書、2011年）
孫崎享『戦後史の正体』（創元社、2012年）
吉田茂『回想十年』（新潮社、1958年。中公文庫プレミアム、2015年）
読売新聞戦後史班『「再軍備」の軌跡――昭和戦後史』（読売新聞社、1981年。中公文庫プレミアム、2015年）

【論文・資料集】

『原典　中国現代史（第6巻）外交』太田勝洪・朱建栄編（岩波書店、1995年）
『憲法重要判例集』川添利幸編（文久書林、1962年）
『憲法の基本判例』樋口陽一編（有斐閣、1985年）
『戦後日本防衛問題資料集（第1巻）』）大嶽秀夫編（三一書房、1991年）
『戦後日本防衛問題資料集（第2巻）』大嶽秀夫編（三一書房、1992年）
『戦後日本防衛問題資料集（第3巻）』大嶽秀夫編（三一書房、1993年）
『戦史研究年報 第8号』（防衛省防衛研究所、2005年3月）
『戦史研究年報 第11号』（防衛省防衛研究所、2008年3月）
『防衛研究所紀要（第8巻第3号）』（防衛省防衛研究所、2006年3月）

主な参考・引用文献一覧

【外国人著者の著作】

ブルース・カミングス『朝鮮戦争の起源（1）』（明石書店、2012年）
ブルース・カミングス『朝鮮戦争の起源（2下）』（明石書店、2012年）
ブルース・カミングス、J・ハリディ（共著）『朝鮮戦争――内戦と干渉』（岩波書店、1990年）
韓国国防軍史研究所（編著）『韓国戦争（第1巻）』（かや書房、2000年）
ヘンリー・A・キッシンジャー『外交（下）』（日本経済新聞出版、1996年）
ヘンリー・A・キッシンジャー『核兵器と外交政策』（日本外政学会、1958年。駿河台出版社、1994年新訳版）
金日成選集刊行委員会（編訳）『金日成選集（第2巻）』（三一書房、1952年）
金日成『祖国解放戦争』（青木書店、1953年）
アンドレイ・グロムイコ『グロムイコ回想録――ソ連外交秘史』（読売新聞社、1989年）
ジョージ・F・ケナン『ジョージ・F・ケナン回顧録』（読売新聞社、1973年。中公文庫、2016年～2017年）
師哲、李海文『毛沢東側近回想録』（新潮社、1995年）
ウィリアム・J・シーボルト『日本占領外交の回想』（朝日新聞社、1966年）
ロバート・R・シモンズ『朝鮮戦争と中ソ関係』（コリア評論社、1976年）
朱建栄『毛沢東の朝鮮戦争』（岩波書店、1991年。岩波現代文庫、2004年）
ジョン・ダワー『敗北を抱きしめて』（岩波書店、2001年。2004年増補版）
アナトーリー・V・トルクノフ他『現代朝鮮の興亡――ロシアから見た朝鮮半島現代史』（明石書店、2013年）
アナトーリー・V・トルクノフ『朝鮮戦争の謎と真実――金日成、スターリン、毛沢東の機密電報による』（草思社、2001年）
ハリー・S・トルーマン『トルーマン回顧録２』（恒文社、1966年）
オーナー・トレイシー『カケモノ――占領日本の裏表』（文藝春秋新社、1952年）
デイヴィッド・ハルバースタム『ザ・コールデスト・ウインター 朝鮮戦争』（文藝春秋、2009年。文春文庫、2012年）
ストローブ・タルボット編『フルシチョフ回想録』（タイムライフインターナショナル、1972年）
グレン・D・ペイジ『アメリカと朝鮮戦争』（サイマル出版会、1971年）
ローランド・ペンローズ『ピカソ――その生涯と作品』（新潮社、1978年）
彭徳懐『彭徳懐自述』（サイマル出版会、1984年。1986年増補版）
ギャヴァン・マコーマック『侵略の舞台裏――朝鮮戦争の真実』（影書房、1990年）
ガバン・マコーマック『北朝鮮をどう考えるのか』（平凡社、2004年）
ダグラス・マッカーサー『マッカーサー回想記（下）』（朝日新聞社、1964年）
バートランド・ラッセル他『ノーベル賞文学全集（22）』（主婦の友社、1982年）
アンドレイ・ランコフ『スターリンから金日成へ――北朝鮮国家の形成 1945～1960年』（法政大学出版局、2011年）

【日本人著者の著作】

赤木完爾（編著）『朝鮮戦争――休戦50周年の検証・半島の内と外から』（慶應義塾大学出版会、2003年）
朝日新聞社『一九五〇年七月二八日――朝日新聞社のレッドパージ証言録』（晩聲社、1981年）
防衛省防衛研究所戦史部（編）『内海倫オーラル・ヒストリー――警察予備隊・保安庁時代』（防衛省防衛研究所、2008年）
江木千之翁、経歴談刊行会（編）『江木千之翁経歴談（下）』（江木千之翁経歴談刊行会、1933年）
日本経営史研究所（編）『風濤の日日――商船三井の百年』（大阪商船三井船舶、1984年）
川村喜一郎『日本人船員が見た朝鮮戦争』（朝日コミュニケーションズ、2007年）
後藤田正晴『情と理――後藤田正晴回顧録（上）』（講談社、1998年）

朝鮮戦争の正体　主な人物索引

〈さ〉

〈た〉

〈な〉

〈は〉

〈ま〉

切りとり線

★読者のみなさまにお願い

この本をお読みになって、どんな感想をお持ちでしょうか。祥伝社のホームページから書評をお送りいただけたら、ありがたく存じます。今後の企画の参考にさせていただきます。また、次ページの原稿用紙を切り取り、左記編集部まで郵送していただいても結構です。

お寄せいただいた「100字書評」は、ご了解のうえ新聞・雑誌などを通じて紹介させていただくこともあります。採用の場合は、特製図書カードを差しあげます。

なお、ご記入いただいたお名前、ご住所、ご連絡先等は、書評紹介の事前了解、謝礼のお届け以外の目的で利用することはありません。また、それらの情報を6カ月を超えて保管することもありません。

〒101―8701（お手紙は郵便番号だけで届きます）
祥伝社　書籍出版部　編集長　栗原和子
電話03（3265）1084
祥伝社ブックレビュー　www.shodensha.co.jp/bookreview

◎本書の購買動機

＿＿＿＿新聞の広告を見て	＿＿＿＿誌の広告を見て	＿＿＿＿の書評を見て	＿＿＿＿のWEBを見て	書店で見かけて	知人のすすめで

◎今後、新刊情報等のメール配信を　希望する　・　しない
（配信を希望される方は下欄にアドレスをご記入ください）

@

100字書評

朝鮮戦争の正体

住所

なまえ

年齢

職業

朝鮮戦争《ちようせんせんそう》の正体《しようたい》
なぜ戦争協力《せんそうきようりよく》の全貌《ぜんぼう》は隠《かく》されたのか

令和2年7月10日　初版第1刷発行

著　者　孫崎《まごさき》　享《うける》
発行者　辻　浩明
発行所　祥《しよう》伝《でん》社《しや》
〒101-8701
東京都千代田区神田神保町3-3
☎03(3265)2081(販売部)
☎03(3265)1084(編集部)
☎03(3265)3622(業務部)
印　刷　堀内印刷
製　本　ナショナル製本

ISBN978-4-396-61731-8 C0020
祥伝社のホームページ・www.shodensha.co.jp
Printed in Japan

孫崎　享のベストセラー

日本人のための戦略的思考入門

——日米同盟を超えて

〈祥伝社新書〉

米国は有事の際に本当に日本を守ってくれるのか？　戦略の基本概念から、現代の安全保障問題までをわかりやすく解説。戦略的思考を知る上で必読の一冊

孫崎　享

日米開戦の正体（上・下）

——なぜ真珠湾攻撃という道を歩んだのか

〈祥伝社文庫〉

日本史上「最大の愚挙」を解き明かす！　なぜ、日本は勝てる見込みのない戦いを仕掛けたのか？
元外務省国際情報局長が解読した歴史の真相

孫崎　享

日米開戦へのスパイ

——東條英機とゾルゲ事件

昭和史に刻まれる諜報事件「ゾルゲ事件」。なぜ、事件の真相は隠蔽されなければならなかったのか？
当局の情報操作の恐ろしさと、日米開戦への道を洗い出した衝撃の書

孫崎　享